Introdução à Ergonomia
da prática à teoria

Blucher

Introdução à Ergonomia
da prática à teoria

Júlia Abrahão
Laerte Sznelwar
Alexandre Silvino
Maurício Sarmet
Diana Pinho

co-edição:
FINATEC

Blucher

Introdução à ergonomia
© 2009 Júlia Abrahão
            Laerte Sznelwar
            Alexandre Silvino
            Maurício Sarmet
            Diana Pinho
3ª reimpressão – 2016
Editora Edgard Blücher Ltda.

Blucher

Rua Pedroso Alvarenga, 1245, 4º andar
04531-934 – São Paulo – SP – Brasil
Tel.: 55 11 3078-5366
contato@blucher.com.br
www.blucher.com.br

É proibida a reprodução total ou parcial por quaisquer
meios, sem autorização escrita da Editora.

Todos os direitos reservados pela Editora Edgard Blücher Ltda.

FICHA CATALOGRÁFICA

Introdução à ergonomia: da prática à teoria /
Júlia Abrahão...[et al.]. – São Paulo: Blucher, 2009.

Outros autores: Laerte Sznelwar, Alexandre
Silvino, Maurício Sarmet, Diana Pinho
Bibliografia
ISBN 978-85-212-0485-5

1. Engenharia humana 2. Ergonomia I. Abrahão,
Júlia. II. Sznelwar, Laerte. III. Silvino, Alexandre.
IV. Sarmet, Maurício. V. Pinho, Diana.

08-10462   CDD-620.82

Índices para catálogo sistemático:
1. Ergonomia: 620.82

Introdução 9

Capítulo 1: História da ergonomia

1.1 Introdução 17

1.2 O que é ergonomia? 18

1.3 Os domínios da ergonomia 18

1.4 O desenvolvimento da ergonomia 20

1.5 Concepção e projeto 25

1.6 A abrangência de atuação e desenvolvimento da ergonomia 29

1.7 A ergonomia no Brasil 33

1.8 Principais pressupostos da ergonomia 34

    1.8.1 Interdisciplinaridade 35

    1.8.2 Análise das situações reais 36

    1.8.3 Envolvimento dos sujeitos 39

Capítulo 2: Situação de trabalho

2.1 Introdução 43

2.2 A situação de trabalho 46

2.3 Tarefa e atividade 48

    2.3.1 A tarefa 49

    2.3.2 A atividade 52

2.4 A população de trabalhadores 57

    2.4.1 A variabilidade para a ergonomia 59

    2.4.2 A confiabilidade humana 62

2.5 A carga de trabalho 65

2.6 A organização do trabalho 67

Capítulo 3: O homem no trabalho

3.1 Introdução 79

3.2 Os ritmos 79

3.3 Ritmos humanos e de trabalho 82

3.4 Antropometria e biomecânica 88

3.5 A força e o movimento 91

3.6 As posturas na atividade de trabalho 95

3.7 O trabalho muscular 96

3.8 Transporte de cargas e força 99

Capítulo 4: Espaços de trabalho

4.1 Introdução 105

4.2 Concepção de espaços de trabalho 107

4.3 Parâmetros para mobiliário 111

    4.3.1 Dados antropométricos 111

    4.3.2 Dimensões do corpo humano 111

    4.3.3 As zonas de alcance 112

4.4 Configuração dos postos de trabalho 114

    4.4.1 O plano de trabalho 115

    4.4.2 Profundidade 116

    4.4.3 Altura 116

    4.4.4 Largura frontal 117

    4.4.5 Espaço para os membros inferiores 117

    4.4.6 Apoio para os pés 118

    4.4.7 Suporte para documentos 118

4.5 Assento 119

4.6 Telas do monitor 121

4.7 Aspectos fisiológico-perceptivos 122

    4.7.1 Audição, som e ruído 124

        4.7.1.1 Sistema auditivo 125

        4.7.1.2 Problemas de saúde associados à exposição ao ruído 128

    4.7.2 Visão humana e exigências visuais 130

        4.7.2.1 A visão humana 130

        4.7.2.2 Iluminação de postos de trabalho 133

    4.7.3 Tato, temperatura e dor 136

        4.7.3.1 Temperatura: conforto térmico 137

        4.7.3.2 Percepção de toque: controles e manejos 140

    4.7.4 Senso cinestésico e equilíbrio: o corpo em movimento 142

Capítulo 5: Cognição no trabalho

5.1 Introdução 147

5.2 O que é a cognição humana? 148

5.3 Ergonomia cognitiva 153

    5.3.1 Competências para a ação 157

    5.3.2 Representações para a ação 160

    5.3.3 Estratégias operatórias 167

Capítulo 6: Método

6.1 Introdução 179

6.2 O método AET 180

  6.2.1 Análise da demanda 187

  6.2.2 Informações sobre a empresa 191

  6.2.3 Características da população 193

  6.2.4 Escolha da situação para análise 197

  6.2.5 Análise da tarefa 199

  6.2.6 Observações globais e abertas da atividade 205

  6.2.7 Elaboração do pré-diagnóstico 210

  6.2.8 Observações sistemáticas 213

    6.2.8.1 Variáveis usuais coletadas durante a análise da atividade 219

      6.2.8.1.1 A localização e os deslocamentos 219

      6.2.8.1.2 A exploração visual 220

      6.2.8.1.3 As comunicações 221

      6.2.8.1.4 As posturas 223

      6.2.8.1.5 As ações 223

      6.2.8.1.6 As verbalizações 224

      6.2.8.1.7 Instrumentos e outras técnicas 226

      6.2.8.1.8 O ambiente físico 227

  6.2.9 Validação 229

  6.2.10 Diagnóstico 230

  6.2.11 Recomendações e transformação 232

  6.2.12 Considerações finais 233

Conclusão 237

Referências 239

Introdução

Este livro é fruto de um trabalho coletivo cujo objetivo principal é levar ao público um conteúdo que permita ao leitor se familiarizar com diferentes áreas desenvolvidas em ergonomia. Sem ser exaustivo, o que seria uma pretensão, tendo em vista a abrangência que o campo da ergonomia adquiriu ao longo dos últimos 60 anos, o livro apresenta, nos diferentes capítulos, questões referentes ao trabalho, aos aspectos físicos e cognitivos, ao método, à questão da saúde e do ambiente. Os conceitos introduzidos ao longo da obra são ilustrados por estudos de caso com o intuito de facilitar sua compreensão.

Tratar de temas em um campo tão vasto, como o da ergonomia, requer sempre que se operem recortes. Assim, fizemos uma escolha: a de abordar temas bastante abrangentes e favorecer, aos interessados, uma entrada que lhes permita adquirir conhecimentos e compreender algumas questões-chave que precisam ser consideradas quando se busca melhorias significativas no trabalho.

Ao propor neste livro uma abordagem que busca integrar diferentes aspectos dos seres humanos em atividade de trabalho, a ergonomia se coloca no campo das ciências que procuram compreender a realidade. Este processo se concretiza por meio de uma ação, cuja abrangência pode variar em função da situação, que propicia caminhos para transformar esta realidade. Evidentemente que o trabalho de um profissional, que atua nesta área, será desenvolvido em situações nas quais diferentes atores têm um posicionamento em acordo com a sua perspectiva; e que os sujeitos, que participam dos processos de análise, síntese e transformação, agem de formas diversas. Entretanto, esses processos de ação terão em comum a construção de novos compromissos, que visam alcançar diferentes objetivos: a produção e a saúde. É de suma importância que estes grupos participem de projetos de produção e do trabalho, incluindo a concepção de ferramentas e dos diferentes meios que servirão para propiciar às pessoas condições para produzir.

Entendemos a produção e o trabalho como questões complementares. Para nós, o trabalho é central em qualquer sistema de produção; ele existe mesmo quando, aparentemente, já se implementou grandes processos de automação, uma vez que ela própria é fruto do trabalho dos projetistas. Por fim, não acreditamos em sistemas de produção que funcionem independentemente das ações humanas – sejam elas antecipadas, quando ocorrem no nível do projeto, ou na implantação dos sistemas, ou, ainda, concorrentes com a produção, quando a presença humana atua na supervisão e no controle dos sistemas de produção. Apesar de haver sistemas que incluem níveis bastante elevados de automação, a maior parte deles depende da ação humana direta nos mais diversos níveis de uma organização.

Não podemos nos esquecer que muitos processos produtivos dependem, de maneira significativa, da intensidade do gesto humano – um desafio para todos. Em grande parte destas situações, há grandes riscos para a saúde e, por consequência, para as organizações de modo específico; e para a sociedade que, de uma maneira geral, arca com os custos do absenteísmo, da perda de pessoas competentes e experientes – seja pelas doenças, pelos acidentes e pela perda de materiais.

Ao tratar de aspectos diferentes do trabalhar, também estamos posicionados em uma perspectiva na qual o trabalho deve ser um promotor para a saúde – uma vez que sua importância para o desenvolvimento humano é fundamental. Saúde, como vários autores no campo propõem, é fruto de toda uma trajetória de vida, mas é, sobretudo, um potencial de vida. Nesta perspectiva, a relação trabalho e saúde se constrói ao longo do tempo; ela não engloba apenas uma visão ligada ao "bom funcionamento dos órgãos" e à inexistência de agravos, mas, também, o desenvolvimento das competências, dos processos de realização de si, da construção da identidade pessoal e coletiva nas profissões.

É notório que, por diversos motivos, a discussão do trabalho ficou um pouco relegada ao segundo plano. Talvez, possamos atribuir ao fato que, durante uma boa parte do século XX – malgrado todas as lutas que aconteceram no campo das relações de trabalho –, os métodos utilizados nos projetos de produção se apoiaram no pressuposto que a atividade dos trabalhadores poderia ser definida no projeto, uma vez decididas as grandes etapas do processo produtivo. Neste caso, o trabalho foi considerado uma variável a ser integrada nos últimos estágios do projeto sendo seu escopo predefinido a partir das escolhas feitas ao longo deste processo.

Os diferentes estudos conduzidos em ergonomia têm mostrado a importância de inversão desta perspectiva, principalmente se considerarmos a atividade dos diferentes trabalhadores. Projetar a produção integrando, desde os primeiros passos, o trabalho, que será desenvolvido, pode trazer resultados muito interessantes. Dessa forma, abre-se uma perspectiva na qual, ao contrário de pensar como encaixar o que as pessoas farão dentro de um espaço de possibilidades reduzido, permite que se busquem diferentes níveis de compromisso no projeto da produção e, sobretudo, se façam escolhas realistas com relação às capacidades e aos limites dos seres humanos.

Estas mudanças de perspectiva não dependem da visão, da vontade, ou ainda da imposição de um ponto de vista. Ao contrário, elas dependem de processos de desenvolvimento das relações sociais, das perspectivas econômicas e tecnológicas. Acreditamos que a ergonomia pode ser útil no enriquecimento destes processos, pois um dos seus resultados é exatamente fornecer subsídios que, ao serem integrados ao projeto, favoreçam a alteração de perspectiva nos momentos de concepção.

Acreditamos que a publicação de mais uma obra sobre ergonomia em português servirá, também, para enriquecer o rol desta literatura que ganhou corpo nestes últimos anos. Ela tem sido útil para estudantes, profissionais interessados na área, pesquisadores, professores, além de servir para disseminar conceitos do campo na sociedade.

Reiteramos ainda a importância da criação coletiva deste livro; ele é fruto de uma proposta da professora Júlia Issy Abrahão, do Departamento de Psicologia Social e do Trabalho, da Universidade de Brasília, que agregou os esforços dos autores. Este processo foi permeado por muita discussão, muita reflexão... Também é fruto de um trabalho de cooperação entre colegas de instituições diferentes. Por fim, acreditamos que trazemos um olhar diferenciado nos capítulos que se seguem. O conteúdo aqui apresentado e sistematizado faz parte de um vasto campo de conhecimentos, e constitui, portanto, uma pequena amostra com a qual esperamos deixar um gosto de "quero mais".

O que abordaremos neste livro

No decorrer deste livro, princípios e conceitos da ergonomia serão abordados, sempre ilustrados por exemplos práticos. Esperamos que este material permita que você seja capaz de descrever os principais conceitos em ergonomia, apontar suas relações e utilizá-los na análise de situações concretas de trabalho. Esperamos, também, que você saiba diagnosticar, adotando o referencial teórico e metodológico da ergonomia, os problemas encontrados em seu dia-a-dia e que, por último, seja capaz de apontar sugestões de melhoria.

Para que essas competências sejam alcançadas, o livro está dividido em seis capítulos, articulando as diferentes dimensões da área, tendo cada um a seguinte estrutura:

- **Capítulo 1: História da ergonomia**
  Vamos relatar a história da ergonomia e seus principais pressupostos. Neste capítulo, você conhecerá como evoluiu a ergonomia no Brasil e no mundo, com suas respectivas áreas de especialização.

- **Capítulo 2: Situação de trabalho**

    Abordaremos os conceitos básicos da análise ergonômica, exemplificando como eles podem ser identificados nas situações de trabalho. Após sua leitura, esperamos que você compreenda os principais conceitos da área e possa argumentar sobre o seu papel na ação ergonômica.

- **Capítulo 3: O homem no trabalho**

Tratarmos de alguns aspectos dos homens em situação de trabalho: quem são, como analisá-los, qual o impacto da interação do homem com seu ambiente e equipamentos, e qual a sua importância para a ergonomia. Esperamos que, ao final, você consiga entender um pouco sobre as características humanas, sua dinâmica e relevância na realização do trabalho para fundamentar uma análise ergonômica da atividade.

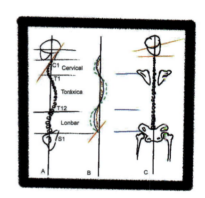

- **Capítulo 4: Espaços de trabalho**

    Abordamos questões sobre os espaços de trabalho com o intuito de compreender como os conhecimentos apresentados anteriormente são importantes na concepção e no projeto, tendo como referência as necessidades e características dos trabalhadores, além dos requisitos das tarefas a serem desempenhadas. Esperamos que você, ao concluir este capítulo, possa utilizar os conhecimentos adquiridos para formular um diagnóstico, concepção ou reconcepção de postos de trabalho.

- **Capítulo 5: Cognição no trabalho**

    Estudaremos a manifestação da cognição na atividade de trabalho pela via da ação. Descreveremos como a ergonomia se apropria de conceitos nessa área e como podemos considerar os processos cognitivos na concepção ou reconcepção de instrumentos e sistemas informatizados. Ao

final deste módulo, você deve compreender e analisar os processos mentais nas situações de trabalho e no desempenho humano, e também sugerir mudanças para aperfeiçoar os produtos e as tarefas.

- **Capítulo 6: Método**

    Apresentaremos os principais pressupostos metodológicos da Análise Ergonômica, suas etapas, técnicas e seu desenrolar para analisar uma determinada situação de trabalho. Da mesma maneira, apresentaremos alguns exemplos em que a análise ergonômica pode ser utilizada como metodologia de intervenção. Esperamos que você possa atuar no planejamento de uma ação ergonômica em uma situação de trabalho, delineando os procedimentos, técnicas e instrumentos em função do contexto de análise.

É importante salientar que esta obra é incompleta e o seu objetivo principal é fornecer instrumentos e materiais para reflexão a fim de propiciar o seu avanço em sua prática profissional e, se conseguirmos êxito, que você continue a buscar mais conhecimentos e experiências na área.

História da ergonomia

1.1 Introdução

Todos nós sabemos alguma coisa sobre o trabalho por experiência própria, ou por intermédio de outras pessoas. Lembramos de diversas situações de trabalho, suas características e implicações sobre o bem-estar, segurança e produtividade dos indivíduos. Quando questionados sobre formas de melhorar um determinado trabalho, somos capazes de opinar sobre possíveis problemas e soluções. Se todos nós temos ideias

e opiniões sobre as diversas situações, por que não podemos nos basear somente em nossa percepção e julgamento, como se o trabalho fosse um objeto simples e de fácil compreensão? Parte dessa resposta você poderá encontrar nesta obra. Nela apresentaremos a ergonomia, um corpo de conhecimentos sobre o trabalho e um conjunto sistemático de procedimentos de análise.

A ergonomia é apresentada enquanto campo de aplicação e produção de conhecimentos sobre o trabalho, ilustrada por um conjunto de exemplos que visam facilitar a compreensão dos principais conceitos da área. Você verá que ela é muito mais abrangente do que comumente se fala e, ao mesmo tempo, muito mais próxima de nossas experiências do que se imagina.

Ainda hoje, muitas pessoas não sabem muito bem o que é ergonomia. Em geral ela é associada a mobiliários ou objetos ditos "ergonômicos" (como mouses, teclados e cadeiras), ou mesmo a doenças do trabalho como a Doença Ocupacional Relacionada ao Trabalho (DORT) ou a Lesão por Esforço Repetitivo (LER). Apresentaremos diferentes situações, em contextos distintos, guiados por um olhar diferente, por meio do qual parte dos mistérios do trabalhar poderá ser desvendado. Nesse percurso discutiremos como as transformações socieconômicas e, sobretudo, tecnológicas que ocorreram no mundo do trabalho modularam o desenvolvimento da ergonomia.

Vamos iniciar conceituando a ergonomia e ao longo do texto descreveremos um pouco da sua história para que possamos compreender a relação entre as necessidades do mundo do trabalho e as respostas teórico-metodológicas e soluções construídas pelos ergonomistas.

1.2 O que é ergonomia?

A palavra ergonomia é composta pelas palavras gregas *ergon* (trabalho) e *nomos* (leis e regras). Esse termo foi adotado pela primeira vez em 1857, por um cientista polonês, WoJciech Jastrzebowski, em um trabalho intitulado "Ensaios de ergonomia, ou ciência do trabalho, baseada nas leis objetivas da ciência sobre a natureza".

Nos sites da *International Ergonomics Association* – IEA (*www.iea.cc*), da *Societé d'Ergonomie de Langue Française* – SELF (*www.ergonomie-self.org*) e da Associação Brasileira de Ergonomia – Abergo (*www.abergo.org.br*), encontramos a definição abaixo, cuja formulação reflete o resultado do entendimento entre as diferentes sociedades científicas internacionais:

"A Ergonomia (ou Fatores Humanos) é uma disciplina científica relacionada ao entendimento das interações entre os seres humanos e outros elementos ou sistemas, e à aplicação de teorias, princípios, dados e métodos a projetos a fim de otimizar o bem-estar humano e o desempenho global do sistema."

"Os ergonomistas contribuem para o planejamento, projeto e a avaliação de tarefas, postos de trabalho, produtos, ambientes e sistemas de modo a torná-los compatíveis com as necessidades, habilidades e limitações das pessoas."

1.3 Os domínios da ergonomia

Trata-se de uma disciplina orientada para uma abordagem sistêmica de aspectos da atividade humana. Para darem conta da amplitude dessa dimensão e poderem intervir nas atividades do trabalho é preciso que os ergonomistas tenham uma abordagem do trabalhar que incorpore aspectos físicos, cognitivos, sociais, organizacionais, do ambiente de trabalho, entre outros. Frequentemente as ações ergonômicas são voltadas para setores particulares da economia ou para setores de aplicação específicos. Esses últimos caracterizam-se por sua constante mutação, com a criação de novos setores de aplicação ou o aperfeiçoamento de outros mais antigos.

Ao comentar esta definição, Falzon (2007) aponta como evolução conceitual a divisão entre áreas de

especialização e de aplicação; define o fazer dos ergonomistas, atribuindo à ergonomia um status de profissão, confirmada pela consolidação das sociedades científicas, as formações especializadas, os procedimentos de certificação.

De forma geral, a ergonomia pode ser entendida como uma disciplina que tem como objetivo transformar o trabalho, em suas diferentes dimensões, adaptando-o às características e aos limites do ser humano. Nesse sentido, a ergonomia supera a concepção taylorista de "Homo Economicus", mostra os limites do ponto de vista reducionista em que apenas o "trabalho físico" é considerado, revelando a complexidade do trabalhar e a multiplicidade de fatores que o compõem.

Ao desenvolvermos uma ação ergonômica, buscamos elementos que nos permitam transformar o trabalho, e também, produzir conhecimentos. Nesta perspectiva a ergonomia foi se desenvolvendo, adotando como referência a noção de variabilidade, a distinção entre tarefa e atividade e a regulação das ações associada ao reconhecimento da competência dos trabalhadores.

Nessa perspectiva, a ergonomia busca projetar e/ou adaptar situações de trabalho compatíveis com as capacidades e respeitando os limites do ser humano. Este ponto de vista implica reconhecer a premissa ética da primazia do homem, cujo bem-estar deveria ser o objetivo maior da produção, uma vez que um dado trabalho pode adaptar-se ao ser humano. No entanto, não podemos esperar que nos adaptemos a um trabalho que não respeita as nossas limitações, nem contempla as nossas capacidades.

Ergonomia, conceitos e abordagens:

 Objetivo da ergonomia:

- Transformar o trabalho de forma a adaptá-lo às características e variabilidade do homem e do processo produtivo.

- Bem-estar;
- Segurança;
- Produtividade e Qualidade.

O conceito e o objetivo apresentados há pouco resultam das transformações que aconteceram ao longo da história da ergonomia. A seguir vamos apresentar como tudo começou e foi sendo formalizado no decorrer do seu desenvolvimento.

1.4 O desenvolvimento da ergonomia

A formalização da ergonomia, enquanto disciplina, é recente. Ela aconteceu a partir de 1949, com a criação da *Ergonomics Research Society*, na Inglaterra. Em 1959 foram criadas a *Human Factors Society* (HFS) e a *International Ergonomics Society* (IES) nos Estados Unidos e, em 1963, a *Societé d'Ergonomie de Langue Française* (SELF), na França.

Ergonomia, conceitos e abordagens:

Surgimento da ergonomia:

- Jastrzebowski (1857 apud VIDAL, 2001): Ensaios de Ergonomia;
- Força Aérea Real Britânica: Acidentes (filha da guerra);
- Nasce na Inglaterra a *Ergonomics Research Society* (1949);
- Surgem a HFS em 1959, a IES em 1959 (EUA) e a SELF em 1963 (França);
- Ombredane & Faverge publicam Análise do Trabalho (1955);
- Fundação do Laboratório de Ergonomia no CNAM (1970);

Historicamente, a adaptação das condições do ambiente ou mesmo das ferramentas de trabalho às características humanas remonta aos primórdios da humanidade (SANDER; MACORNICK apud SOARES, 2001). Há evidências de que o homem das cavernas já se preocupava em produzir artefatos cada vez mais apropriados às suas necessidades e características. Um exemplo ilustrativo pode ser observado na figura ao lado: a criação de uma ferramenta simples, a partir de um pedaço de pedra lascada, que supostamente tinha

por objetivo melhorar o desempenho e o conforto na atividade de caça e na preparação de alimentos. A história do homem é permeada por exemplos do aprimoramento de suas técnicas, da introdução de novas ferramentas e procedimentos.

Podemos dizer que a ergonomia já nasceu com características de aplicação. Talvez, por essa razão, até hoje não exista consenso se a caracterizamos como uma disciplina aplicada ou como uma ciência. No entanto, o que podemos afirmar é que ela vai além de uma necessidade puramente teórica ou formal. Apoiada em métodos e técnicas de análise própria, a ação ergonômica busca respostas

aos problemas resultantes da inadequação dos artefatos, da organização do trabalho e dos ambientes ao modo de funcionamento humano. O produto dessas ações se apresenta na forma de soluções de natureza tecnológica ou organizacional efetiva para as mais diversas situações de trabalho, e visam ajudar a transformar a ação dos homens apoiada em critérios de conforto, qualidade, eficiência e eficácia.

Os relatos sobre as origens da ergonomia moderna, frequentemente, são associados ao final da Segunda Guerra Mundial e ilustram a sua vocação. Na época, a *Royal Air Force* (Força Aérea Real Britânica) buscava compreender por que equipamentos extremamente modernos, que deveriam facilitar a conduta dos pilotos da aviação, não eram operados com a eficiência e a eficácia esperadas (WISNER, 1994). Para responder a esta demanda, constituiu-se uma equipe interdisciplinar composta por um engenheiro, um psicólogo e um fisiologista. A análise da situação por diferentes olhares foi determinante no diagnóstico do problema e para as soluções propostas. O produto dessas análises se destinava a organizar e homogeneizar as formas de apresentação das informações para a concepção de aviões e, assim, limitar os erros de leitura e as possibilidades de incidentes e acidentes. Eles demonstraram a importância de adaptar os artefatos tecnológicos às características e aos limites do funcionamento de nossos processos percepto-cognitivos.

Se quisermos compreender o desenvolvimento da ergonomia devemos inseri-la no contexto socioeconômico da época. Nesse período, as indústrias européia e americana estavam se adequando ao contexto do pós-guerra, buscando elevar a produção com notória escassez de trabalhadores qualificados e, no limite, de matéria-prima. A demanda formulada aos ergonomistas se relacionava, sobretudo, às questões referentes a:

Linha de produção:

- Insalubridade;
- Condições de trabalho;
- Dimensionamento dos homens e equipamentos;
- Adaptação de ferramentas e instrumentos de trabalho;
- Organização do trabalho (variabilidade dos homens, equipamentos e matéria-prima).

Assim, podemos dizer que nos primórdios de sua história a ergonomia preocupou-se em desenvolver pesquisas e projetos voltados para a aplicação de conhecimentos já disponíveis em fisiologia e psicologia e também para o estudo do dimensionamento humano, custo energético, visando à concepção e definição de controles, painéis, arranjo do espaço físico e dos ambientes de trabalho.

A Ergonomia é uma invenção humana recente?

- Nasce no pós-guerra;
- RAF - Equipe de psicólogos, engenheiros e fisiologistas;
- Fábricas e Indústrias;
  - Coisas ergonômicas,
  - Usabilidade de artefatos;
- TI, Internet e Trabalho;
  - Sociedade da informação,
  - Informática em rede (Inter e Intranet),
  - Exclusão e inclusão digital.

Com a evolução dos movimentos sociais, em especial dos sindicatos de trabalhadores, muitas demandas em ergonomia buscavam respostas para os problemas ligados às más condições de trabalho, à organização dos tempos de trabalho (ritmos, cadências e turnos) e à rejeição da fragmentação das tarefas, resultante da exacerbação da divisão do trabalho. O auge destes movimentos se situa no final dos anos 1960 e nos anos 1970 do século XX.

A partir da década de 1980, no final do século passado, o foco de interesse dos ergonomistas voltou-se para a análise de sistemas automáticos e informatizados com ênfase na natureza cognitiva do trabalho. Essa mudança ocorreu, principalmente, devido aos insucessos na implantação desses sistemas que eram projetados com uma lógica que não contemplava os processos cognitivos envolvidos na ação, e, portanto, apresentavam muitas dificuldades na operação do sistema.

Esses processos de automação definiram uma nova relação do ser humano com o seu trabalho: ele deixa de ser um executor direto e passa a exercer o papel de controlador do processo. É evidente que não houve uma transformação de todas as situações de trabalho. Mesmo em situações nas quais há um grau elevado de automação, encontramos tarefas altamente repetitivas e intensivas no gesto de produção que convivem com essas ações de controle de processo. As mudanças tecnológicas também acarretaram fenômenos de intensificação do trabalho e novos meios de controle sobre os trabalhadores.

As atividades de controle de processo trouxeram novos desafios, pois fica patente que as questões cognitivas do trabalho se tornam o foco dos estudos com o intuito de buscar soluções aos problemas operacionais e a novos problemas de saúde que se tornaram mais prevalentes. Apesar dessa pressuposta predominância do "cognitivo" no trabalho, não existe cognição sem corpo. Paradoxalmente, em algumas tarefas em que basicamente as pessoas deveriam se concentrar em ações de tratamento da informação e de comunicação, como é o caso das centrais de atendimento, a expressão do sofrimento e as doenças se manifestam no corpo, haja vista as famosas LER/DORT.

Em processos de produção contínuos, como por exemplo, os da indústria do petróleo, a petroquímica, a produção de energia elétrica, a questão da confiabilidade dos sistemas fica mais em evidência. Nesse contexto começa o debate sobre o conceito de erro humano. A análise do trabalho e os conhecimentos produzidos por essa abordagem da ergonomia permitem relativizar esse conceito, na medida em que o "erro" não pode ser considerado como uma "falha do humano" que está operando um sistema ou uma máquina. O conceito de erro começa a ser contestado, uma vez que há problemas na concepção dos sistemas, das máquinas, da organização do trabalho. Em vez de erro seria melhor conceituar como "insucesso da ação".

As demandas em ergonomia se voltam então para a busca de critérios e definições para a concepção das salas de controle (p. ex: os manejos e os mostradores) e para a compreensão da percepção humana, da cognição situada e da cognição distribuída, conceitos que serão discutidos no capítulo de cognição. Os ergonomistas atuam, cada vez mais, contribuindo na concepção de sistemas de trabalho que favoreçam o

desenvolvimento das competências e que assegurem a saúde dos trabalhadores e a segurança operacional. Acidentes nesse tipo de produção têm, muitas vezes, consequências catastróficas.

Em paralelo, o desenvolvimento acelerado do setor de serviços trouxe novas questões. Problemas de produção e de saúde devidos à importação de paradigmas tayloristas para empresas de serviço, principalmente para aqueles considerados como "de massa", trouxeram novos desafios para a ergonomia. Além das relações mais tradicionais entre colegas e com a hierarquia, comuns na indústria, a presença do cliente, como coautor do processo, influencia significativamente o resultado do trabalho e, também, interfere na saúde dos trabalhadores.

Pouco se fala do setor agrícola, mas há muitas pesquisas voltadas para questões do trabalho nesse setor. Desafios ligados ao esforço físico excessivo, à exposição a venenos, ao uso de novas tecnologias mecanizadas, também são temas de ergonomia.

Embora com menor frequência, encontramos na literatura trabalhos de ergonomia voltados para trabalhadores que exercem papel de gestão e supervisão. Cada vez mais fica patente que é possível analisar, compreender e transformar o trabalho nas mais diversas situações. Essas diferentes áreas de atuação reforçam o potencial da ergonomia para ajudar na concepção do trabalho, na medida em que as suas ferramentas de análise evoluem também em paralelo com as mudanças tecnológicas, organizacionais e sociais.

Hoje, a ergonomia se transformou em instrumento que pode ser apropriado pelos mais diferentes atores sociais, como os profissionais diretamente ligados às questões do trabalho, engenheiros, médicos, psicólogos, administradores, sociólogos, enfermeiros, fisioterapeutas, terapeutas ocupacionais, entre outros. Além disso, se tornou um instrumento para embasar ações de sindicatos de trabalhadores, de organizações patronais de instituições do Estado, quando se busca transformar e adequar o trabalho.

Da mesma maneira que aconteceram mudanças nas tecnologias e nas formas de organizar o trabalho, aconteceu, também, uma evolução significativa do conceito de saúde e da luta para que o mundo do trabalho não seja fonte de sofrimento, doenças, lesões e mortes. Saúde deixa de ser um estado, uma aquisição e passa a ser considerada como um objetivo, como um processo ligado ao potencial de vida, como uma construção individual e coletiva. O foco muda, não se trata apenas de buscar as condições que evitem a degradação da saúde, mas, também, aquelas que favoreçam a sua construção (LAVILLE; VOLKOFF, 1993). Esta postura reforça as opções da ergonomia desde seus primórdios — o da busca do conforto para trabalhar — apesar de, por motivos ligados às demandas sociais, o foco ter sido "o homem adoecido" e, consequentemente, a busca de soluções para evitar que isso ocorresse. Com frequência, para justificar uma ação ergonômica, é necessário partir dos efeitos nefastos do trabalho.

A análise ergonômica do trabalho ajuda a compreender as formas ou as estratégias utilizadas pelos trabalhadores no confronto com o trabalho, para minimizar ou limitar as suas condições patogênicas. As novas tecnologias trouxeram benefícios inestimáveis, mas, também, novas restrições e imposições ao modo de funcionamento dos indivíduos.

Ainda pensando nas questões de saúde, é notório que as demandas sociais têm crescido significativamente no que diz respeito ao sofrimento psíquico. Encontramos, cada vez mais, casos de afastamentos do trabalho por problemas de ordem emocional, relatos de sérios distúrbios mentais, que pouco eram associados ao trabalho até 30 anos atrás.

É significativo o fato que, em paralelo ao desenvolvimento da ergonomia, uma outra disciplina voltada para a questão da saúde mental, a psicodinâmica do trabalho, tem tido um grande desenvolvimento. Apesar da ergonomia não tratar diretamente dessas questões, ela pode ser útil na busca da promoção da saúde mental, por meio da compreensão e da transformação de tarefas que tenham uma forte característica psicopatogênica.

1.5 Concepção e projeto

E os produtos? A ergonomia pode ser útil na sua concepção e projeto?

Vejamos o caso dos computadores: o exemplo da informática é bastante interessante para que possamos compreender a importância de se usar a ergonomia desde a concepção dos produtos até a sua utilização. No caso dos computadores, as suas aplicações nos mais diferentes sistemas de produção,

e em muitos aspectos da vida pessoal, familiar e social traz enormes desafios. Principalmente, quando sabemos que uma parte significativa do desenvolvimento das pessoas e das nações depende da capacidade de armazenar, tratar, multiplicar e disseminar informações. Não é à toa que programas que possibilitam um acesso verdadeiro da grande maioria da população de um país se tornaram tão estratégicos. Nessa perspectiva, demandas para ergonomia são, sobretudo, aquelas ligadas ao como ajudar a universalizar o uso da informática.

Se lembrarmos dos primórdios da informática, podemos constatar a enorme evolução dessas ferramentas. Parece pré-histórico pensar naquelas máquinas que tinham pouquíssima capacidade de memória, que para utilizá-las era necessário aprender e decorar uma enormidade de códigos para executar cálculos e tarefas bem simples. Quando comparados com os equipamentos disponibilizados hoje, sabemos, por exemplo, que o uso de interfaces gráficas facilitou o acesso para muito mais pessoas. Ao invés de aprender códigos quase esquecidos por todos, exceto alguns saudosistas ou aqueles que precisam trabalhar com a linguagem de programação, hoje para usar um computador basta saber ler e interpretar grafismos, apresentados sob a forma de ícones e símbolos, que na medida do possível têm um significado bem mais próximo da cultura das populações. É quase outro mundo, muitas soluções foram encontradas, mas há muito que se fazer. Quanto mais se evolui em termos de tecnologia, da velocidade e das possibilidades criadas com programas mais potentes, mais desafios encontramos para manter a facilidade de uso e para adequar os sistemas às necessidades dos usuários.

 As demandas em ergonomia advindas da informática não dizem respeito apenas aos programas.

 A busca de teclados, mouses e outros periféricos que se adaptem melhor à anatomia e à biomecânica humana também é uma demanda constante.

 Novas interfaces, novas maneiras de comandar essas máquinas também estão na ordem do dia (por meio da fala, da direção do olhar, do toque de tela, por exemplo).

O conforto visual, por meio da pesquisa de novas soluções tecnológicas e de uma programação visual adequada, são, da mesma forma, áreas de contribuição da ergonomia.

Se formos ainda mais longe, a informática trouxe novas demandas com relação ao arranjo físico no que diz respeito tanto aos postos de trabalho quanto à arquitetura dos locais de trabalho, de logradouros públicos e das residências. O mesmo vale para equipamentos como postos de condução de veículos e de salas de controle.

Compreender como os indivíduos usam os sistemas informatizados para os mais diversos fins é um grande desafio para os ergonomistas. A importância de adequar essas interfaces à população com características tão diferenciadas fez emergir a necessidade de se definir parâmetros a serem utilizados pelos desenvolvedores de sistemas para responderem aos problemas do novo contexto. Conceitos de usabilidade e de adequação ao uso se tornaram linguagem frequente no mundo da informática. Talvez devessem fazer parte da concepção e do projeto de qualquer ferramenta ou máquina para que esses artefatos sejam, cada vez mais, objetos que potencializam as capacidades humanas.

Todos esses exemplos demonstram que, de fato, a história da ergonomia se consolidou a partir das demandas sociais. E é a partir delas que são construídas e aprimoradas suas ferramentas e técnicas de análise. Vale lembrar que os conhecimentos utilizados ou praticados na ação ergonômica são estruturados em função das demandas de intervenção. As situações variam e cada uma apresenta particularidades que podem, num primeiro momento, ser examinadas a partir de trabalhos anteriores, cuja base teórica pode servir a uma reflexão inicial em casos de diagnósticos de novas situações.

Malgrado o fato de muitos conhecimentos já estarem consolidados pelos ergonomistas, nem todos foram efetivamente apropriados pela sociedade. Assim, nos dias de hoje, é comum ainda recebermos demandas que versam, por exemplo, sobre altura de bancada, parâmetros para a aquisição de cadeiras, entre outras. Não devemos nos furtar a atendê-las, pois, muitas vezes, elas são apenas a ponta do *iceberg*. É por meio delas que podemos desvendar e explicitar as outras dimensões do trabalho responsáveis pelas questões relativas à saúde e à produção.

A evolução do comércio e dos processos de produção industrial no início do século XX trouxe, também, a preocupação com a utilização mais efetiva dos recursos, fossem eles financeiros e/ou materiais. Assim, teve início uma tentativa de "racionalização" do trabalho, por meio da busca dos melhores procedimentos de produção, das rotinas de trabalho e de condições de execução que garantissem maior produtividade em menor tempo. Um dos principais expoentes dessa "visão de mundo" é a Administração Científica, que reproduz os princípios Taylor-Fordistas. Por meio dessa racionalização, o trabalho começa a ser planejado por alguns e executado por outros. Muitas representações errôneas, preconceituosas, redutoras sobre o trabalho encontram aí um belo caldo de cultura. Considerar o trabalhador apenas como um executante, que não precisa pensar, que pode ser controlado e comandado por outrem, que pode, ainda, ficar repetindo gestos durante períodos prolongados está na mesma frequência de onda, é consequência e, também, motor desse tipo de ponto de vista. Então, é o homem que deve se moldar à situação, aos procedimentos e aos equipamentos existentes, em suma, à tarefa. Isso significa negar todo o processo de regulação, as estratégias e o investimento pessoal e coletivo dos trabalhadores no processo produtivo.

Administração científica — Ergonomia

Administração científica	Ergonomia
Homem médio	Variabilidade inter e intra-individual
Produtos constantes	Variabilidade do trabalho
Tarefas descritas por meio de ações decompostas em gestos	Dependência entre tarefas e processos de regulação desenvolvidos pelos trabalhadores

A ergonomia, por outro lado, traz na sua concepção uma abordagem diferenciada, quiçá antagônica, uma vez que busca resgatar o ser humano da condição de "variável de ajustamento" atribuindo-lhe um papel de coconstrutor do seu fazer.

Diante dessa amplitude de possibilidades, quais são a abrangência e os limites da ação ergonômica? Ou, mesmo, quem é o ergonomista?

1.6 A abrangência de atuação e desenvolvimento da ergonomia

O ergonomista pode atuar em diferentes contextos desde aqueles nos quais ocorre o trabalho humano ou se concebem equipamentos e instrumentos funcionais. Para entendermos melhor a sua possibilidade de atuação, apresentaremos um exemplo e a partir dele apontaremos as diferentes possibilidades de uma ação ergonômica.

Imagine uma grande loja de departamentos e seus diferentes ambientes de trabalho:

a) A loja propriamente dita, com as mercadorias expostas em departamentos, um estoque, uma seção de atendimento ao cliente para pagamento de carnês etc.;

b) O escritório, onde são realizadas as atividades de treinamento e seleção de pessoal, gestão e controle dos cadastros dos clientes e dos funcionários etc.;

c) O ambiente virtual, disponível tanto para o público interno, para consulta de estoque, preços ou condições de pagamento quanto para o externo, onde os clientes podem obter informações sobre as ofertas ou comprar um produto como, por exemplo, um livro ou uma camisa.

Nesse contexto, o ergonomista pode atuar em diferentes dimensões: as condições ambientais como iluminação, ventilação e temperatura; a altura das prateleiras; os equipamentos; os carrinhos utilizados para transporte de materiais. Da mesma forma, pode analisar o sistema de estoque das mercadorias, informatizado ou manual, de modo a minimizar o tempo e o erro na procura de uma mercadoria. Pode identificar se a organização do trabalho é compatível com as atividades realizadas na loja; se a comunicação entre o vendedor e o estoquista interfere no tempo de espera do cliente; se o rodízio entre postos favorece a aquisição de novas competências e se a realização de tarefas concorrentes contribui para aumentar os erros no caixa.

Continuemos visitando a mesma loja com o olhar do ergonomista: no escritório, ele pode avaliar e propor soluções compatíveis com as atividades de trabalho. Nesses casos, ele vai além do redesenho do arranjo físico, do mobiliário que compõe os postos de trabalho, que é a face mais conhecida da ergonomia, muito embora, como mostram os exemplos, uma ação ergonômica pode abranger dimensões que, por vezes, nem sempre são visíveis no primeiro contato com o trabalho.

Suponhamos que a loja queira incrementar suas vendas pela Internet. Como apresentar os produtos ao cliente de maneira que sejam identificados facilmente, que se compreenda sua funcionalidade? Quais linguagens (termos e ícones) adotar? Como permitir que o usuário navegue eficazmente no programa informatizado até o momento da aquisição do produto? Como evitar o insucesso na ação e frustração do cliente? Essas mesmas questões podem ser formuladas para a concepção da intranet. Nesse caso, é solicitado ao ergonomista tornar o ambiente virtual mais acessível ao público-alvo da loja.

Os exemplos citados ilustram diferentes possibilidades de atuação do ergonomista e como ele pode ser solicitado a resolver uma gama de problemas de natureza diversificada, muito além da popularmente conhecida "cadeirologia". O que determina o tipo de ação é a problemática encontrada no trabalho, evidenciada pela demanda.

Nesse sentido, para abranger essa variabilidade de demanda, os ergonomistas propõem denominações para as diferentes formas de intervenção. A classificação da *International Ergonomics Association* (IEA), apresenta as áreas de especialização que refletem as competências adquiridas pelos ergonomistas pela formação ou pela prática:

Ergonomia física:

- Interessa-se pelas características da anatomia humana, antropometria, fisiologia e biomecânica e sua relação com a atividade física. Nessa categoria podemos situar o estudo da postura no trabalho, manuseio de materiais, movimentos repetitivos, distúrbios músculo-esquelético relacionados ao trabalho, projeto de posto de trabalho, segurança e saúde.

Ergonomia cognitiva:

- Refere-se aos processos mentais, tais como percepção, memória, raciocínio e resposta motora, e seus efeitos nas interações entre seres humanos e outros elementos de um sistema. Os temas mais relevantes referem-se ao estudo da carga mental de trabalho, tomada de decisão, desempenho especializado, interação homem–computador, confiabilidade humana, estresse profissional e a formação quando relacionados a projetos envolvendo seres humanos e sistemas.

Ergonomia organizacional:

- Concerne à otimização dos sistemas sociotécnicos, incluindo suas estruturas organizacionais, regras e processos. Os tópicos abordados incluem comunicações, gerenciamento de recursos dos coletivos de trabalho, projeto de trabalho, organização temporal do trabalho, trabalho em grupo, projeto participativo, novos paradigmas do trabalho, trabalho cooperativo, cultura organizacional, organizações em rede, teletrabalho e gestão da qualidade.

Muitos ergonomistas podem considerar que sua prática se inscreve em mais de uma das categorias propostas. Mas, também é verdade que a prática real tende a ser exercida preferencialmente em certos domínios de especialização e em determinadas áreas de aplicação.

O produto dessas ações resulta em um conjunto de recomendações, que visam aprimorar a atividade humana e a produção de artefatos, associando critérios de saúde e de produtividade.

A especificidade da ergonomia reside na sua tensão entre dois objetivos: um centrado na organização que pode ser apreendida sob diferentes dimensões: eficiência, produtividade, confiabilidade, qualidade; o outro é voltado para as pessoas e preocupa-se com a segurança, saúde, conforto, facilidade de uso, satisfação. Nenhuma outra disciplina explicita tão claramente este duplo objetivo. Os ergonomistas podem tender mais para um do que para o outro desses objetivos. Mas, ninguém pode pretender ser ergonomista se ignorar um desses objetivos (FALZON, 2004).

O ergonomista, para responder às demandas, muitas vezes, precisa dirigir seu olhar sobre diferentes dimensões da situação. Ao analisá-las, ele apreende o contexto no qual a organização se insere e os elementos que condicionam o seu processo de produção. Para tanto, ele deve identificar dois tipos de conhecimento: sobre o homem e sobre a ação, e ao fazê-lo deve atribuir-lhes o mesmo grau de importância. Podemos salientar as dimensões a seguir:

1. **Dimensão social e demográfica:** ao identificar o conjunto de características dos trabalhadores, a evolução do capital humano da organização, as práticas de gestão de pessoas, os dados sobre saúde e produtividade, o ergonomista obtém dados sobre quem são as pessoas que executam as tarefas dentro da organização, e como se dá a gestão dessa equipe;

2. **Leis e regulamentações:** dimensão composta por normas internas e externas à organização, define e limita suas ações. São as regras que dizem

aos indivíduos no que consiste e como deve ser feito seu trabalho. O ergonomista deve atentar para a natureza das normas da organização, bem como para as da legislação e o impacto destas no processo produtivo;

3. **Ambiente geográfico da empresa:** refere-se às informações sobre clima, fenômenos sazonais, condições de moradia e transporte dos trabalhadores, poluição e oportunidades para a vida social. O ergonomista deve ter em mente que a vida do trabalhador não se inicia nem se encerra no ambiente de trabalho;

4. **Dimensão técnica:** diz respeito aos procedimentos necessários para executar o trabalho. Como veremos no próximo capítulo, esta dimensão é muito importante em ergonomia, pois é a partir dela que é possível estabelecer uma linguagem comum entre os trabalhadores e o ergonomista;

5. **Produção e sua organização:** consiste em construir uma visão mais global do processo produtivo que envolve o estabelecimento de critérios de qualidade e produção. Ela resulta das políticas e do planejamento da empresa, e de forma similar à dimensão econômica e comercial. Conhecê-la é importante para que o ergonomista seja capaz de compreender as razões pelas quais o processo produtivo se apresenta de uma determinada maneira.

Vimos até agora como surgiu a ergonomia no mundo e falamos um pouco sobre a sua abrangência de atuação. Apontamos os diferentes contextos de trabalho e as suas dimensões. Ao propormos essa descrição temos como objetivo apresentar, da perspectiva da ação ergonômica, as situações de trabalho e como elas podem se apresentar nas organizações. Agora, vamos contar um pouco da história da ergonomia em nosso país.

1.7 A ergonomia no Brasil

No Brasil, a ergonomia surgiu vinculada às áreas de Engenharia de produção e Desenho Industrial, e o seu âmbito de atuação foi voltado à aplicação dos conhecimentos produzidos sobre as medidas humanas e a produção de normas e padrões para a população brasileira. O segundo momento da ergonomia no País se iniciou com os estudos na área de Psicologia da USP, com pesquisas experimentais sobre o comportamento de motoristas e estudos sociotécnicos realizados pela Fundação Getulio Vargas, no Rio de Janeiro.

Paralelamente às ações voltadas para a antropometria e medidas dos segmentos corporais, os pesquisadores brasileiros iniciaram um diálogo com pesquisadores europeus, sobretudo com os franceses, e dentre eles, o patrono da ergonomia brasileira, o professor Alain Wisner, responsável pelo doutorado de boa parte dos ergonomistas na década de 1980. Posteriormente, o acesso à literatura oriunda da Europa se ampliou e, com ela, o acesso aos trabalhos de outros pesquisadores. A abordagem ergonômica realizada pela escola francofônica tem como fio condutor a análise de atividade nas situações de trabalho.

O Brasil, durante certo período, conviveu com duas "ergonomias": uma de matriz anglo-saxônica e outra de matriz francofônica. Atualmente, como bem mostra a definição de ergonomia apresentada neste capítulo, entendemos que essas duas abordagens são complementares, e que suas técnicas e procedimentos específicos dependem do problema colocado ao ergonomista e dos objetivos da análise a ser empreendida.

Atualmente, a ergonomia é ensinada e aplicada em diferentes Universidades brasileiras, entre elas São Paulo, Rio de Janeiro, Belo Horizonte, Brasília, Santa Catarina e Recife. Elas se situam em unidades diferentes dentro das universidades e têm, cada vez mais, atuações especializadas dentro da área.

Encontramos, hoje, no Brasil, empresas de consultoria e centros de pesquisa consolidados que atuam em diferentes regiões do País. É comum encontrarmos

publicações de boa qualidade produzidas por nossos consultores nas revistas científicas, o que vai ao encontro da finalidade primeira da ergonomia que é a transformação do trabalho e a produção de conhecimento.

Entre as normas regulamentadoras brasileiras dispomos da NR 17 que é especificamente dedicada à ergonomia, resultado da articulação entre os sindicatos e ergonomistas e patrocinada pelo Ministério do Trabalho. A criação desta norma, após o adoecimento de muitos trabalhadores, reflete o quanto a produtividade é prioridade nas relações de produção, sendo a saúde uma preocupação secundária.

Outro ponto interessante da história da ergonomia no Brasil é a fundação da Associação Brasileira de Ergonomia (Abergo), em 1983. Ela é uma entidade que congrega os diversos núcleos de ergonomia no País, por meio da divulgação de conhecimentos produzidos pela área (como o Congresso Brasileiro de Ergonomia) e da normalização da ergonomia enquanto categoria profissional. Atualmente, a Abergo realiza um trabalho de certificação dos profissionais e núcleos de pesquisa voltados para a ergonomia (para mais informações, visite o site *www.abergo.org.br*).

Discutimos a mudança do olhar do ergonomista a partir de seus contextos de atuação e em função do momento histórico. Alguns pressupostos se consolidaram no decorrer da história e acabaram por se tornar um consenso entre os ergonomistas; dentre eles, três merecem uma discussão mais aprofundada.

1.8 Principais pressupostos da ergonomia

Os pressupostos são um conjunto de fundamentos ou princípios básicos necessários para o entendimento de um determinado conceito ou fenômeno. Para compreendermos como se dá a ação ergonômica e suas escolhas metodológicas, é importante analisarmos sobre quais bases se fundamentam a sua prática. Assim, são três os pressupostos que norteiam a ação em ergonomia: a interdisciplinaridade, a análise de situações reais e o envolvimento dos sujeitos.

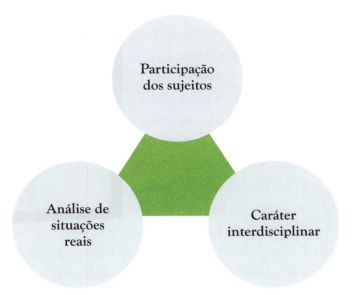

1.8.1 Interdisciplinaridade

A interdisciplinaridade sobre a qual se fundamenta a ergonomia, como área do conhecimento, resulta da importância de se analisar o fenômeno do trabalho humano de diferentes perspectivas. É possível tratar a complexa relação entre saúde e trabalho por meio de uma abordagem interdisciplinar?

A interdisciplinaridade, como dizia Pacaud (1970), é mais do que um simples diálogo entre as disciplinas. É, antes de tudo, um processo contínuo de desenvolvimento e de reconstrução do conhecimento das diversas áreas envolvidas, tendo como base os princípios da ação ergonômica. Nessa perspectiva, Wisner (2004, p. 35) afirmava que

> "... a ergonomia é uma disciplina autônoma, mas que não pode viver sem se nutrir das aquisições de várias disciplinas, aquisições dinâmicas e assimiladas em um espírito interdisciplinar".

Curie (2004) afirma que nada obriga a ergonomia a se limitar ao uso dos conhecimentos científicos elaborados fora dela. De fato, esta utilização pode exigir a elaboração de novos conceitos permitindo efetivar a integração de conhecimentos isolados.

Para entender melhor, considere que a loja de departamentos descrita no item 1.6 solicite ao ergonomista a análise do setor de atendimento ao cliente, pois tem recebido reclamações frequentes sobre a qualidade do serviço. Mesmo sendo a demanda restrita a um setor específico, a natureza do problema pode contemplar diferentes aspectos tais como: (a) o posto de trabalho (pois o desconforto físico pode gerar problemas de atenção e irritação nos atendentes); (b) a qualidade do sistema informatizado (que pode facilitar ou dificultar o acesso às informações); (c) a comunicação entre chefia e funcionários (que pode evidenciar conflitos); (d) a organização do trabalho (que pode apontar questões sobre a adequação do *script* nas situações em que eles se encontram submetidos à pressão temporal, tão frequente nesse tipo de trabalho). Todas essas

dimensões podem estar associadas ao problema relatado. A diversidade dos enfoques possíveis para uma mesma demanda solicita a apropriação de conhecimentos produzidos por diferentes áreas do saber.

O exemplo acima ilustra a dificuldade de uma única área do conhecimento cobrir toda a problemática envolvida na demanda. É muito difícil encontrar um profissional que tenha todas as competências necessárias à ação ergonômica. É fundamental, portanto, que o ergonomista, dependendo da natureza da demanda, constitua uma equipe, composta por diferentes profissionais, tendo como fio condutor a atividade e seus determinantes.

> Nessa perspectiva, é a natureza e as características da demanda e do contexto que determinam o objeto e a composição da equipe.

Como veremos a seguir, toda a análise ergonômica ocorre na situação em que se realiza o trabalho.

1.8.2 Análise das situações reais

Na ação ergonômica, a exigência científica fundamental reside na observação sistemática das situações reais de trabalho. Essa característica a diferencia de forma substancial da conotação de pesquisa existente nas áreas de ciências sociais. Nessas áreas a interação com o real destina-se à verificação de mecanismos hipotéticos, obtidos por meio de uma abordagem teórica ou a partir de modelos descritivos, numa perspectiva empirista, caracterizando um método dedutivo de construção do conhecimento (ABRAHÃO, 1993). A pesquisa em ergonomia reúne em si elementos da pesquisa social aplicada e da pesquisa experimental, ao mesmo tempo em que difere significativamente delas, pela proposição de modelos elaborados por meio de um método indutivo, no qual o campo delimita as questões de estudo.

Essa breve discussão epistemológica evoca uma questão importante sobre a dinâmica da pesquisa e da ação em ergonomia, pois é na interação com o real que o conteúdo vai se transformando. Conforme o trabalho avança, novas questões emergem e devem ser tratadas. Essa situação é característica da pesquisa ergonômica, em que a evolução das hipóteses de trabalho para hipóteses teóricas implica a reordenação da apresentação dos fatos, com vistas à demonstração científica.

A atividade de trabalho significa o que efetivamente é feito pelo trabalhador, a forma como ele consegue desenvolver as suas tarefas. Ela resulta das definições dos objetivos e metas, das características pessoais, da experiência e do treinamento formal. É pela via da análise da atividade que podemos desvelar e dar valor à variabilidade das situações de trabalho e à variabilidade biológica e psicológica dos trabalhadores (WISNER, 2004).

Da mesma forma, a análise da atividade aliada ao conhecimento das exigências e constrangimentos do trabalho é que permite avaliar e rearranjar a situação de trabalho para garantir conforto das pessoas e segurança dos seres humanos e dos equipamentos.

> Analisar a atividade significa reconstituir a lógica dos trabalhadores em seu próprio curso da ação a partir de observações objetivas, que permitam apreender o subjetivo e explicitar as razões de um determinado comportamento.

O trabalho prescrito é, muitas vezes, associado ao conceito de tarefa e a sua concepção está relacionada à necessidade de se estabelecerem métodos de gestão com o objetivo de definir e medir a produção. As regras e normas advindas de tal concepção tendem a prever uma situação artificial considerando um trabalhador jovem, de um determinado sexo, que goza de boa saúde, que não sofre transformações ao longo do tempo e é resistente aos riscos e constrangimentos de ambientes nocivos (WISNER; MARCELIN, 1971). Essa forma de prescrição desconsidera as competências adquiridas ao longo do tempo e, principalmente, as variabilidades intra e interindividuais e da situação.

Abrahão (2000), ao discutir essa questão, afirma que frequentemente os projetistas responsáveis pelo desenho do trabalho reduzem o papel do trabalhador de forma semelhante aos sistemas técnicos, uniformizando as exigências de trabalho, normatizando procedimentos e estabelecendo regras rígidas de tempo. Assim fazendo, não podem prever os conflitos entre as características dos trabalhadores e o sistema de produção.

O trabalho real é determinado, por um lado, pelas características dos trabalhadores e, por outro, pelas regras de funcionamento da empresa e o contexto das ações. Ele é perpassado pelo status dos trabalhadores e pelo seu salário, objeto de negociação via contrato. Nele, a dimensão prescrita é detalhada e a real resulta de um compromisso entre os objetivos da produção, suas características e o reconhecimento social, gerando um resultado positivo e/ou negativo para a produção e para a saúde.

O trabalho real, ou atividade, designa a maneira do ser humano mobilizar suas capacidades para atingir os objetivos da produção. Assim, a premissa é que o trabalho demanda um investimento cognitivo e físico para resolver o que não é dado pela organização e pela situação de trabalho o que é, de acordo com Assunção (1998), determinante na construção e desconstrução da saúde.

Nenhuma das dimensões apresentadas é, por si só, suficiente para a análise ergonômica. Todas são essenciais para a compreensão da situação analisada e para a elaboração de recomendações efetivas. Para o ergonomista, essas dimensões de análise, desde o estudo dos documentos e prescrições existentes até a análise *in loco* das situações de trabalho e do trabalhador em ação, permitem transformar a situação, possibilitando melhoria no que se refere ao conforto, à segurança e à produtividade dos trabalhadores. O principal argumento para o estudo das situações reais é que nem sempre encontraremos todos os aspectos das tarefas descritos nos documentos formais.

Como veremos no próximo capítulo, nem tudo pode ser documentado de forma rígida. Além disso, os conhecimentos da ergonomia cognitiva nos ajudam a entender que nem todos os procedimentos e estratégias utilizados pelos indivíduos são facilmente relatados por eles. Na maioria dos casos, realizamos uma série de ações que não passam por nosso controle consciente.

Nesse sentido, é fundamental observar os indivíduos em ação, com o objetivo de reconstruir de forma sistemática a atividade, a partir da consulta a uma variedade de fontes e de um processo participativo.

1.8.3 Envolvimento dos sujeitos

Quando consideramos a necessidade de análise das situações reais de trabalho, outra questão se coloca: a importância do envolvimento dos trabalhadores no processo de análise, de recomendações e da concepção de soluções. Uma ação ergonômica é, em última análise, um processo de construção coletiva entre a equipe de ergonomistas e o corpo de atores sociais envolvidos. Ela fornece elementos para transformar as situações de trabalho e para produzir conhecimentos, por meio da explicitação dos mecanismos pelos quais o ser humano consegue atingir os objetivos da produção.

O processo de intervenção em ergonomia parte do pressuposto que os indivíduos envolvidos na situação de trabalho não são idênticos; nesse sentido, cada trabalhador traz consigo suas experiências, representações e estratégias, e as utiliza com o intuito de regular o processo de produção. A análise ergonômica deve considerar que a atividade se constitui não só pela variação das situações de trabalho, mas também pela variabilidade das equipes que o executam.

Uma vez que a atividade:

- É uma ação que tem sua manifestação em um comportamento nem sempre observável na situação de trabalho;

- Varia em função de diferentes fatores que lhe atribuem um caráter dinâmico e relativamente incerto;

- É diferenciada de acordo com quem a desenvolve.

O indivíduo, nesse contexto, passa a ser um elemento central para a compreensão do seu trabalho. O seu envolvimento fundamenta um processo de decomposição e reconstrução coletiva entre ergonomista e trabalhador, que permite evidenciar os constrangimentos e as estratégias adotadas que subsidiam as constantes microdecisões.

> Se por um lado o ergonomista possui ferramentas teórico-metodológicas para analisar a situação, por outro é o indivíduo quem detém as competências sobre seu trabalho e possibilita a compreensão da atividade em profundidade e amplitude.

Nem todos os componentes da atividade estão acessíveis ao ergonomista. Há muito em jogo que não é possível ser visualizado ou que lhe é dado a conhecer via entrevistas ou verbalizações espontâneas em contexto. Alguns elementos que regulam os comportamentos das pessoas (visíveis, como digitar um texto; e invisíveis, como recordar um termo técnico durante a digitação) são realizados sem que elas tenham consciência da sua relevância para a execução da tarefa, pois são automatizados em função dos seus hábitos diários e da sua experiência. É a cooperação dos indivíduos que atribui sentido à ação. Há também aspectos que as pessoas não querem revelar e que só o farão se sentirem confiança e uma possibilidade de realmente se transformar o trabalho, para melhorá-lo.

Vimos até agora como surgiu a ergonomia no mundo e falamos um pouco sobre a sua abrangência de atuação. Apontamos os diferentes contextos de trabalho e as suas dimensões. Ao propormos essa descrição temos como objetivo demonstrar, da perspectiva da ação ergonômica, as situações de trabalho e como elas podem se apresentar nas organizações.

2
Situação de trabalho

2.1 Introdução

No primeiro capítulo apresentamos a definição de ergonomia, a abrangência de atuação do ergonomista e um pouco da sua história. No decorrer do seu desenvolvimento enquanto disciplina científica, os conceitos foram evoluindo, bem como a forma de compreender a relação das pessoas com o seu trabalho. Vamos apresentar a seguir alguns desses conceitos que orientam a metodologia de ação e pesquisa e as interpretações resultantes desse processo.

O trabalho pode ser considerado como uma ação coletiva – realizada por diferentes atores, finalística – voltada para um fim específico, e organizada – realizada sob regras e delimitadores próprios, integrando a cultura da organização e as prescrições relativas às tarefas dos trabalhadores. As ações dos sujeitos visam também completar as lacunas deixadas pela prescrição do trabalho, que se revelam no cotidiano (TERSSAC, 1995).

De outra perspectiva, a das pessoas envolvidas no processo de produção, o trabalho pode se constituir em:

▶ Um fator que propicia o atendimento de necessidades básicas de sobrevivência e segurança.

▶ Um caminho de gratificação pessoal que possibilita a constituição da identidade pessoal e social dos sujeitos, por meio da valorização e do reconhecimento daquilo que é produzido (MENDES; ABRAHÃO, 1996.

▶ Um risco para a saúde, fator de envelhecimento precoce, de aumento dos custos sociais (aposentadorias precoces e assistência médica).

Nessa perspectiva, o trabalho assume um papel fundamental na existência humana, ratificando a afirmação de Dejours (1986) de que a inatividade não é objetivo das pessoas e, portanto, a ideologia da ociosidade, calcada no desejo de não trabalhar, é equivocada. O trabalho não somente é fonte de recursos materiais, como também pode se constituir em uma fonte de prazer. Essas dimensões, embora relevantes para os estudos ergonômicos, são tratadas de maneira aprofundada pela Psicodinâmica do Trabalho.

O conceito de trabalho resulta de uma dialética entre o conjunto de prescrições e a ação efetiva dos diferentes atores, pressupondo um investimento individual ou coletivo nessa gestão.

Os conceitos fundamentais, para compreendermos e situarmos a ergonomia com relação a algumas áreas do conhecimento, serão discutidos. Apresentaremos, ao longo do texto, exemplos a partir dos quais esses conceitos serão ilustrados. Iniciaremos relatando a história de Roberta e seu trabalho.

Roberta é funcionária de uma grande rede de supermercados. Ela é uma das pessoas responsáveis pelo **atendimento aos clientes** e se sente orgulhosa do seu trabalho. Os funcionários deste setor passam por uma seleção rigorosa, pois a cultura da organização é que o cliente deve ser sempre bem-atendido. O slogan da empresa é "Satisfação do cliente em 1º Lugar". Aqui aparecem duas questões para reflexão: O que é atender ao cliente? O que é satisfazer um cliente?

Roberta realiza uma série de tarefas que variam bastante, as mais frequentes são:

1. Trocar mercadorias;
2. Emitir notas fiscais;
3. Controlar cupons de promoções;
4. Tirar dúvidas sobre promoções, produtos e serviços;
5. Embalar produtos para presentes.

Além disso, ela deve "zelar pelo posto de trabalho, assegurar a manutenção dos equipamentos, operar o sistema de som para transmitir recados" (p. ex: solicitar que pessoas se dirijam aos seus veículos, pedir a presença de um funcionário em determinado local, entre outros).

A frequência das tarefas varia tanto em função do dia do mês quanto de datas especiais. Assim, no início de cada mês aumentam significativamente o número de troca de mercadorias, o uso do sistema de som e as dúvidas sobre promoções. Próximo das datas comemorativas (como Natal ou Dia das Crianças), a quantidade de embalagens para presentes e a emissão de notas fiscais também aumentam. Para dar conta destas variações sazonais são contratados trabalhadores por tempo determinado. Mesmo assim, aumenta o trabalho de todos, não *"dá tempo para respirar"*. Algumas tarefas são atribuídas aos trabalhadores mais experientes e que têm contrato por tempo indeterminado, como é o caso de Roberta (emitir notas, entrar dados no sistema, por exemplo). Em muitas situações, eles também ajudam aos que chegaram interinamente, pois *"há muitas coisas que eles precisam aprender"*.

A demanda pelo serviço de "Atendimento ao Cliente" varia em função do horário. Em períodos normais, os horários de maior procura se situam entre 11h e 13h, e 18h e 21h.

A jornada de trabalho de Roberta é de 6 horas e seu turno engloba o horário noturno de pico, descrito acima. No seu turno, outros dois colegas também atendem aos clientes. Segundo sua própria avaliação, *"cada um faz uma coisa diferente, do seu jeito"*.

Suas principais queixas se relacionam ao que ela chama de *"quantidade de trabalho"*. Ela diz que não consegue terminar uma tarefa sem ter outra para fazer, e essa outra é frequentemente muito diferente da primeira. Os clientes, na sua avaliação, estão sempre com pressa, não gostam de fila e, em sua maioria, são muito exigentes. O pior de tudo, para Roberta, são as condições de trabalho:

a) O balcão de atendimento é muito baixo;

b) O computador é muito útil, mas também cria um monte de problemas, além disso, ela diz *"enxergar na tela, mais a luminária do que o conteúdo do programa"*;

c) O programa (aplicativo) é confuso e gera erros: *"se todas as funcionárias erram, tem algo errado com o programa"*;

d) A cadeira é velha e não permite regulagem;

e) A mesa do computador não dá suporte para escrever e não há espaço para o teclado e o mouse; e

f) A impressora é lenta, fica distante do computador e perto dos clientes.

No final da jornada, Roberta diz sentir cansaço visual, dor na coluna lombar, nos ombros e nos pés. Nos períodos de maior movimento, ela diz que se estressa demais e fica ansiosa antes mesmo de começar o trabalho. Roberta acha muito estranho ter todos estes sintomas. Para ela, com apenas 22 anos de idade, parece estar ficando *"velha rápido demais..."*. Todo esse cansaço acaba por atrapalhar seus estudos na Universidade, e isso já começa a preocupá-la.

Qual é o olhar da ergonomia sobre o trabalho da Roberta?

Para responder a essa questão, é fundamental entendermos como em ergonomia é compreendida a situação de trabalho e as suas consequências para o ser humano.

2.2 A SITUAÇÃO DE TRABALHO

Com o intuito de facilitarmos a compreensão dos conceitos que vamos apresentar, é interessante conhecer como se articulam os diferentes elementos envolvidos na situação de trabalho.

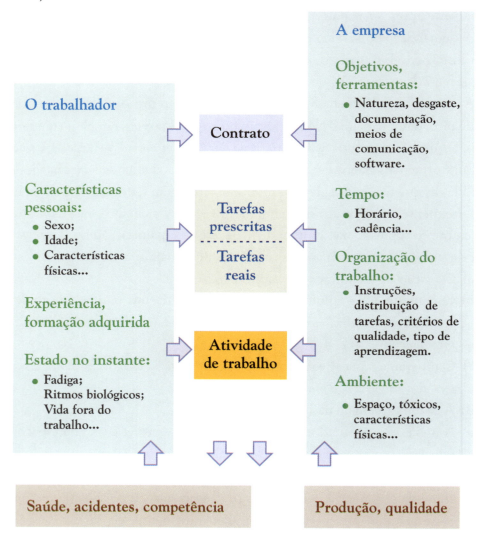

Adaptado de Guérin; Laville; Daniellou; Duraffourg; Kerguelen (2001).

O *contrato* é o instrumento regulador da relação entre o trabalhador e a organização. Por essa via, são definidas as regras gerais e os meios que permitem atingir os objetivos.

O *trabalhador* estabelece uma relação com a *empresa* que disponibiliza os meios para a realização do trabalho. Da sua atividade resultam a qualidade e a quantidade dos produtos e os impactos sobre a saúde, a melhoria das competências, doenças, ou mesmo acidentes resultantes da interação dos elementos presentes na situação de trabalho.

Em face do esquema apresentado, podemos dizer que a compreensão do trabalho envolve diferentes aspectos que precisam ser distinguidos e associados no processo de análise:

- As condições de trabalho: materiais e instalações físicas utilizadas na execução do trabalho, tais como os equipamentos, instrumentos, iluminação, temperatura, exposição a ruídos ou gases, entre outros;
- A população de trabalhadores: características dos indivíduos que podem influenciar seu comportamento no ambiente de trabalho, tais como os aspectos antropométricos, fisiológicos, culturais, psicológicos e sociais; e
- A organização da produção e do trabalho: divisão do trabalho, níveis hierárquicos, comunicação, normas de produção, regras e procedimentos de trabalho, critérios de qualidade e de produtividade, organização dos tempos, ritmos e metas.

É importante distinguir numa situação de trabalho os aspectos que podem ser favoráveis ou desfavoráveis tanto para a saúde quanto para a produção. Entretanto, deve-se ter cuidado com os *a priori* e com o "à primeira impressão". Uma avaliação apressada pode induzir a conclusão que não corresponde à realidade, uma vez que não há uma causalidade única para os fenômenos.

Nesse sentido, as condições de trabalho são compreendidas como sendo constituídas pelas instalações físicas e materiais disponíveis no ambiente que compõe o cenário do trabalho, tais como equipamentos, instrumentos, mobiliário, iluminação, exposição a ruídos ou gases, entre outros. Esses fatores estão constantemente em interação, podendo facilitar ou dificultar a realização do trabalho. Eles constituem uma unidade de análise do contexto de produção e também um determinante do trabalho.

As instalações físicas e os equipamentos são os elementos de maior visibilidade na situação de trabalho, sendo os problemas deles decorrentes mais facilmente identificados. Por exemplo, postos de trabalho que forçam o trabalhador a adotar posturas desconfortáveis "saltam aos olhos" do ergonomista.

Nesse sentido, as condições de trabalho apresentam interesse na medida em que no contínuo processo de ir e vir entre a atividade de trabalho, e seus determinantes materiais, relacionais e organizacionais elas podem explicitar as inter-relações entre as dificuldades encontradas pelo trabalhador e os elementos do ambiente.

O objetivo é que sejamos capazes de revelar a complexidade do trabalhar. Para tanto, é fundamental compreendermos a diferença entre o trabalho prescrito (tarefa) e o trabalho real (atividade), já que essas dimensões estão intrinsecamente relacionadas e a sua análise permite desvelar uma parte significativa do trabalho humano.

Característica da população

- Antropometria;
- Fisiologia;
- Sexo;
- Idade;
- Formação;
- Experiência;
- Envelhecimento.

Condições de trabalho:

Condições materiais

- Posto de trabalho;
- Equipamentos;
- Instrumentos.

Ambiente físico

- Ruído;
- Iluminação;
- Vibração;
- Temperatura.

Organização do trabalho

- Pressão temporal;
- Hierarquia;
- Ritmo;
- Atribuições de cargo e funções;
- Natureza da tarefa;
- Modo operatório;
- Normas de produção.

Fatores interdependentes

2.3 Tarefa e atividade

A distinção entre **tarefa** e **atividade** remonta aos primórdios da ergonomia. Nesse sentido, são dois conceitos fundamentais e, portanto, precisam ser aprofundados. Entretanto, mesmo que haja uma diferença significativa entre o **previsto** (prescrito) e o **real**, os pressupostos adotados definem o modo de pensar em uma determinada situação. A hierarquia controla, avalia, comanda, a partir deles. Muitos problemas e conflitos são oriundos desta distância.

2.3.1 A tarefa

No seu sentido clássico, **a tarefa** é entendida como um conjunto de prescrições, com relação àquilo que o trabalhador *deve fazer*, segundo determinadas normas e padrões de quantidade/qualidade e por meio de equipamentos e ferramentas específicas. A tarefa, da mesma forma, abrange as condições de trabalho, pois elas influenciam as possibilidades de ação.

> A **tarefa** não é o trabalho, mas o que é prescrito pela empresa exterior ao trabalhador. Ela determina e constrange sua atividade.
>
> Quadro indispensável para que ele possa operar: determina, o autoriza.

No caso de Roberta, a prescrição se refere às expectativas da empresa em relação ao que ela deve fazer, aos objetivos a cumprir diariamente (trocar mercadorias, emitir notas fiscais etc.) e como ela deve agir para alcançar esses objetivos. Por exemplo, o momento correto para obter as informações do cliente a fim de emitir uma nota fiscal; o local onde ela deve pegar uma nova fita adesiva, caso a sua acabe durante o embrulho de uma mercadoria; ou mesmo quais informações podem, ou não, ser transmitidas aos clientes durante o atendimento. Além disso, fazem parte da tarefa todos os materiais e instrumentos disponibilizados pela empresa para que Roberta execute seu trabalho. Eles contemplam desde os computadores e aparelho de som utilizado para veicular mensagem sobre as promoções do dia até o carimbo com almofada e tinta (necessários para a emissão de nota fiscal pela empresa). A organização dos horários de trabalho, da jornada, das semanas, dos repousos também está prevista, ou seja, faz parte daquilo que poderíamos denominar como o "universo da tarefa".

> **O universo da tarefa compreende:**
>
> - As características dos dispositivos técnicos;
> - As características do produto a transformar, ou do serviço a prestar;
> - Os elementos a considerar para atingir os objetivos.

> O conceito de tarefa está ligado à necessidade de estabelecer métodos de gestão exteriores ao trabalhador envolvido, impõe um modo de funcionamento do trabalhador em relação ao tempo.

Portanto, podemos identificar diferentes elementos compondo as tarefas de Roberta, como:

a) A dimensão espacial e os postos de trabalho: cadeiras, mesa, balcão, o ambiente de trabalho (arquitetura local);

b) Os equipamentos e instrumentos: monitor, computador, aplicativo, impressora, papéis, canetas, carimbos;

c) A jornada de trabalho, horário de início e término do expediente, dias de trabalho na semana, repouso semanal, férias;

d) As regras de produção: objetivos, metas, normas de tratamento do cliente.

A **definição de tarefa** evoluiu. Atualmente existem outras formas de organizar o trabalho, em que a tarefa não pode mais ser definida de maneira tão rígida como nos modelos clássicos de organização. A própria tarefa de Roberta não é típica do taylorismo-fordismo. No seu caso, não encontramos uma definição precisa dos gestos, existe margem de manobra suficiente para que ela adote modos operatórios diferentes, segundo a evolução do cenário. A sua tarefa é muito mais fluida e flexível do que no ambiente clássico da administração científica. Ela tem mais margem de manobra do que um caixa do supermercado ou alguém que trabalha em uma central de atendimento. Nessas situações as margens são muito restritas e a tarefa se aproxima muito daquela definida pelo modelo clássico.

Organização científica do trabalho – taylorismo

O caso de Roberta pode nos ajudar a introduzir a questão de como analisar o trabalho em situações em que:

- A tarefa não é tão restritiva;
- A ação do trabalhador se dá em vários postos de trabalho;
- É necessário decidir sobre alterações na produção que vão além de operar as máquinas;
- É necessário controlar um processo contínuo ou automático; e
- A cooperação é intrínseca à ação.

Nesses casos, é importante considerar que o conceito de variabilidade está incorporado já na prescrição do trabalho. Não há uma tentativa de prescrever tudo para poder tudo controlar, a fim de se tentar produzir conforme o previsto. Há, nesta concepção mais moderna da tarefa, um espaço significativo para o imprevisto, para o aleatório, para o evento indeterminado. O espaço do prescrito fica mais reduzido, mas ele continua existindo, uma vez que não se pode pensar em produção sem um projeto inicial para a tarefa, mesmo que este possa ser modificado, evoluir, ser fruto de negociações.

Outra evolução do conceito de tarefa está associada à certeza de que não há estabilidade nos sistemas de produção. Tal pressuposto é defendido **pelos ergonomistas** da atividade desde os seus primórdios, nos anos 1950, quando introduz a noção de variabilidade na produção.

Variabilidade da produção

Variabilidade normal
- Variações sazonais no volume de produção;
- Variações periódicas decorrentes da natureza da produção;
- Diversidade dos modelos de produção;
- Variações das matérias-primas.

Variabilidade incidental
- Variações instantâneas da demanda em natureza e volume;
- Incidentes que ocorrem em um dispositivo técnico;
- Variações imprevisíveis do material sobre o qual se trabalha;
- Variações do ambiente.

O papel do ergonomista é:

Compreender

➡ Como os trabalhadores enfrentam tais variabilidades;

➡ Quais as consequências para a sua saúde.

A partir desta compreensão

➡ Propor meios para que os trabalhadores enfrentem a variabilidade incontornável.

Ao se adotar conceitos como os da dinâmica dos sistemas e da teoria da complexidade, fica mais evidente que as tarefas evoluem ao longo do tempo, e essa evolução é constante. O que não significa que ela traga menos constrangimentos para os trabalhadores. Muitas vezes, tarefas mais enriquecidas, ou com maior margem para decisão, compõem também um cenário problemático tanto para a saúde quanto para os resultados das ações dos trabalhadores, mesmo que sob outros formatos. Convém analisar as tarefas naquilo que elas têm de predefinido e com relação ao que evolui ao longo dos processos. Essa evolução precisa ser avaliada no curto, médio e longo prazos.

2.3.2 A atividade

O conceito de **Atividade**, fio condutor da **análise ergonômica**, pode ser compreendido sob diferentes dimensões:

a) Uma delas pode ser definida como sendo o que o trabalhador *faz*: suas ações, suas decisões para atingir os objetivos definidos na tarefa ou redefinidos de acordo com o real;

b) A outra considera a forma segundo a qual o trabalhador usa de si para atingir os objetivos. Essa dimensão contempla o funcionamento muscular, a produção e troca de energia, o funcionamento do sistema nervoso, central e periférico, enfim, todo o uso, o dispor do corpo nos seus mais diferentes aspectos para agir. As dimensões desta ação podem ser avaliadas por meio de comportamentos observáveis, como a fala, a direção do olhar, os gestos, os movimentos, os deslocamentos. É evidente que nesta dimensão podemos situar aspectos conscientes e inconscientes do funcionamento mental.

A dimensão psíquica do trabalho, as relações de prazer e sofrimento funcionam como moduladores do funcionamento orgânico e como um dos aspectos do uso de si para realizar ações;

c) A atividade pode ser analisada também a partir das estratégias operatórias adotadas pelo trabalhador para cumprir as metas com as condições fornecidas.

As dimensões da atividade

- As formas de interação entre atividades;
- Conhecer o trabalho do outro;
- As comunicações no trabalho.

O papel mediador da atividade

Economia

- Quantidade e qualidade da produção;
- Grau de desgaste das ferramentas;
- Índice de acidentes;
- Efeitos de curto e longo prazos.

- Saúde;
- Evolução das competências;
- Evolução da experiência;
- Vida social.

Em razão da riqueza inerente a esse processo, analisar a atividade de trabalho somente por meio dos gestos e dos movimentos é um procedimento limitado, pois a subjetividade envolvida na ação fica excluída. Na verdade ela é uma das maneiras de qualificarmos os gestos e os movimentos. Ainda podemos considerar que para desenvolver uma determinada ação é preciso deixar de fazer outras. Ainda mais, certas maneiras de organizar o trabalho se transformam em verdadeiros impedimentos para o trabalhador.

No caso de Roberta, as mesmas condições de trabalho podem não lhe ser favoráveis, mas podem ser para as suas colegas. Por exemplo, a bancada que ela utiliza para fazer os pacotes é desconfortável por sua estatura, obrigando-a a trabalhar com a coluna flexionada. No entanto, para a sua colega, de menor estatura, a bancada é adequada. Essa condição pode explicar parte das queixas de fortes dores nas costas ao final da jornada.

O anúncio de uma promoção relâmpago, evento não previsto, pode impor às atendentes novas dificuldades. Por exemplo, justo naquele dia, acontece um mau contato no cabo do microfone utilizado para fazer os anúncios. Esse problema pode ocasionar algum corte ou falha na notícia que está sendo anunciada. Para evitar este incidente, Roberta se lembra de outra ocorrência semelhante e, por associação, dobra o cabo do microfone em uma posição específica que impede o corte na transmissão, ou seja, que não prejudique sua atividade. Outra colega pode executar a mesma tarefa e agir de forma diferente, tanto na forma de transmitir a informação quanto na estratégia para contornar o problema. Por isso, para que realmente se compreenda o trabalho de Roberta, não basta apenas obter as informações relativas ao que é prescrito pela empresa (tarefa), mas sim analisar a sua atividade de trabalho.

Atividade

➡ A noção de trabalho opera na dialética (e na lacuna) entre a dimensão do prescrito e a dimensão do real;

➡ Constitui um processo de regulação em que o indivíduo transforma constantemente o trabalho e por ele é transformado;

➡ A atividade é dinâmica e incerta dada a variabilidade dos homens e das situações de trabalho.

A Análise da Atividade é fundamental para a compreensão das diferentes dimensões envolvidas na relação homem–trabalho, pois se trata de um estudo minucioso das ações e investimentos realizados pelos sujeitos para atingir os objetivos do trabalho.

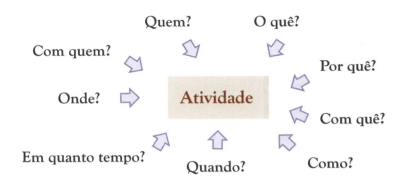

A partir de hipóteses que ajudam a explicar os problemas definidos pela demanda. Fazem parte desta compreensão:

As diferentes dimensões envolvidas na relação homem–trabalho

- As prescrições da organização;
- As ações que o indivíduo desenvolve para responder às exigências da tarefa;
- As características individuais, experiência e treinamento (ABRAHÃO, 1993);
- Aquilo que os trabalhadores deixam ou são impedidos de fazer.

Por isso mesmo, a atividade não é neutra, ela engaja e transforma aquele, ou aquela, que a executa (TEIGER, 1992). Cada vez que Roberta anuncia uma mensagem, novas situações são por ela vivenciadas levando-a a elaborar estratégias para resolver os problemas. O conhecimento adquirido constitui uma base sobre a qual ela construirá novas estratégias para criar soluções efetivas, como no exemplo do mau contato no fio do microfone.

O desempenho da atividade na situação de trabalho acarreta transformações no indivíduo que podem refletir em diferentes esferas de sua vida, na saúde, na relação com os outros e na própria relação com o trabalho. Estas transformações se devem, dentre outros fatores, ao desgaste provocado pelo trabalho, assim como às competências construídas a partir das experiências adquiridas.

Assim, a atividade assume uma função fundamental na situação de trabalho, pois a partir da realização das tarefas ela integra as prescrições e os constrangimentos às características e aos conhecimentos dos trabalhadores. Os trabalhadores, a partir da sua atividade e dentro de limites, modificam o sistema. Desta forma, a atividade é uma síntese dos mais diferentes aspectos que a determinam.

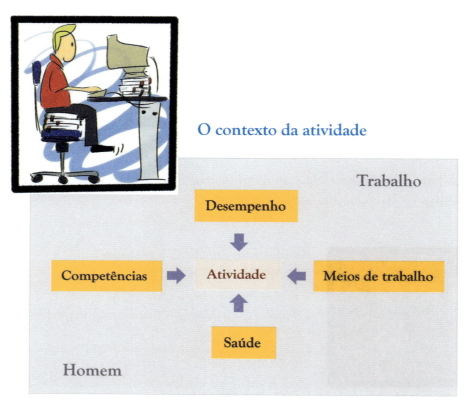

O contexto da atividade

É importante salientar que a tarefa, seja de que tipo for, ou seja, independentemente da escola de organização do trabalho sob a qual ela é concebida (por exemplo, a Organização Científica do Trabalho), não resulta apenas em constrangimentos. É a tarefa que permite a atividade. Para toda atividade há uma tarefa mais ou menos predefinida. Talvez fosse possível evoluir essa discussão, assumindo a tarefa e a atividade como aspectos distintos, mas complementares com relação ao fenômeno do trabalhar. A dinâmica própria às ações dos trabalhadores modifica as tarefas, mas estas também são modificadas pelos fenômenos mais diversos. Considerar os dois pontos de vista pode ser mais útil para entender não somente os problemas, mas, também, as soluções já encontradas pelas pessoas e favorecer a sua construção.

Portanto, na ação ergonômica é importante identificar quem são as pessoas que realizam esta atividade para poder identificar se o nível de compatibilidade entre suas capacidades e limites foram contemplados na definição das tarefas.

2.4 A POPULAÇÃO DE TRABALHADORES

O estudo das características da população de trabalhadores fornece muita informação num processo de ação ergonômica. Ao desenvolvermos estudos demográficos da população de um país, de um estado ou de uma cidade, salta aos olhos a variabilidade nela existente. Há pessoas com características muito diversas: idade, sexo, escolaridade, profissão, uso de meios de transporte, dados de saúde e doença, dimensões (antropometria), nutrição, recursos econômicos, condições de moradia, entre outros. É possível distribuirmos todas essas variáveis em categorias que podem ser relacionadas com alguma questão. Por exemplo, ao dividir uma população em faixas etárias distintas, busca-se relacionar a idade com outros elementos, por exemplo, os tipos de assistência à saúde mais necessários. Isto vale também para o planejamento dos mais diversos serviços, como por exemplo, o ensino, os cursos de aprimoramento, de reconversão profissional, entre outros.

Características da população

Quando se trata da questão da população de trabalhadores que atuam em uma determinada empresa/instituição a questão é, em suma, a mesma. O estudo das suas características fornece uma série de pistas para entendermos as políticas adotadas, as consequências do trabalho, a evolução das condições de trabalho, a evolução da tecnologia e do tipo de produção.

Com relação a outros fatores, como o sexo, em princípio não deveria haver distinção. O trabalho deveria ser possível e adequado para pessoas de todos os sexos. É evidente que, na maioria das situações, o que se encontra não é um retrato da população economicamente ativa, no que se refere às características demográficas. Há sempre um processo de seleção, mais ou menos justificável para ser contratado. Esta seleção pode se dar por questões diversas como a escolaridade, a profissão, a experiência profissional. Há situações onde se encontram apenas mulheres ou homens, pessoas muito jovens ou ainda próximas da aposentadoria.

Ao se realizar uma ação ergonômica, esta uniformidade deve ser questionada, pois é um sinal de exclusão importante. Nos pressupostos adotados em ergonomia, o trabalho deveria ser possível e adequado para a grande maioria da população economicamente ativa. Tal princípio pode parecer um sonho, mas estão ocorrendo mudanças significativas no bojo das instituições e empresas. Encontramos situações onde houve mudanças radicais nas características da população em razão de algum fenômeno – mudanças na legislação, na tecnologia, crises, arrochos salariais, entre outros. De qualquer maneira, para o desenvolvimento de uma ação ergonômica, não se busca um julgamento sobre as estratégias das empresas/instituições, mas sim entender o que se passa e compreender as razões. Pois, se o objetivo é adaptar o trabalho à maioria da população, é importante conhecer os entraves e substituí-los.

Assim como há uma seleção formal no momento de admissão, também há uma seleção durante a permanência. Muitos não suportam os constrangimentos do trabalho e largam o emprego, adoecem ou se acidentam.

É por isso que ao analisar as características demográficas de uma determinada população, é importante recuperar uma série histórica que permita entender o impacto de determinados fenômenos (crescimento e mudanças da produção, mudança na legislação, introdução de novas tecnologias, sazonalidade, entre outros). Nesta análise histórica convém buscar dados específicos sobre os problemas de saúde, tanto os mais clássicos, como acidentes e doenças relacionadas ao trabalho, quanto os dados ligados ao uso dos serviços de saúde, utilização de medicamentos.

Uma análise demográfica aprofundada permite construir hipóteses que ajudam a entender melhor um determinado trabalho e as suas consequências.

Podemos dizer que em ergonomia o ser humano é considerado um ator intencional cujas ações são finalizadas na situação de trabalho. Por essa razão, procuramos compreender os seres humanos na sua diversidade (diferenças interindividuais), na sua variabilidade (variações intraindividuais resultantes, por exemplo, da fadiga, dos ciclos e dos ritmos...), e na sua evolução a médio e longo prazos (desenvolvimento de competências, envelhecimento...). Essas características nos ajudam a entender melhor o efeito das condições de trabalho sobre uma determinada população de trabalhadores.

Variabilidade

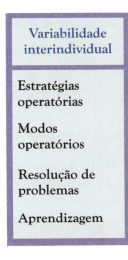

Um dos pressupostos importantes para a ergonomia é o da variabilidade, tanto a referente aos seres humanos quanto a do processo produtivo. Por mais homogênea que seja a equipe de trabalho, há características que conferem variabilidade aos indivíduos, ao ambiente, aos insumos e, consequentemente, ao produto. É importante que o ergonomista fique atento a estas variações.

2.4.1 A variabilidade para a ergonomia

A rede de supermercados onde Roberta trabalha publicou o planejamento para o próximo ano contemplando um novo conjunto de metas no curto, médio e longo prazos. Com este novo planejamento, a empresa espera alcançar mais rapidamente seus objetivos, com a colaboração de todos os funcionários. Para o cargo de Roberta a empresa, após realizar uma análise das tarefas prescritas, determinou que cada funcionário deveria cumprir uma meta mínima de 60 atendimentos por dia de trabalho. O principal argumento da empresa é que este é o número máximo de atendimentos possíveis em um dia, considerando o tempo médio de atendimento no mês. O Diretor da empresa, Sr. Osmar, reforçou a necessidade de todos os funcionários atingirem esse mínimo, aconselhando supervisão e cobrança constantes por parte dos gerentes imediatos.

Para Roberta essa decisão pode trazer problemas. Por experiência, ela sabe que não trabalha da mesma maneira todos os dias: em alguns dias está mais cansada, em outros lhe parece que tudo está mais fácil. Nas palavras dela, "... *tem dias em que a cabeça está funcionando muito melhor*". Roberta sabe também que nem todos os atendentes conseguem ser tão rápidos, e que há diferença entre o desempenho de cada um. Além disso, ela sabe que nem todos os atendimentos levam o mesmo tempo para serem concluídos ou são executados da mesma forma. Algumas vezes um atendimento que parece ser simples pode levar mais de meia hora, enquanto outro pode levar apenas 5 minutos.

Diversidade e variabilidade dos indivíduos

"Não é o 'mesmo homem' ou a 'mesma mulher' que executam o trabalho, conforme as horas do dia ou da noite."

(GUÉRIN; LAVILLE; DANIELLOU; DURAFFOURG; KERGUELEN, 2001, p. 51)

Variabilidade intraindividual

Variações no curto prazo

Variações relativas à idade

Leis do envelhecimento biológico

Efeitos do meio

O organismo humano possui características de funcionamento e limitações que influenciam a forma pela qual compreendemos o mundo e agimos sobre ele. Não somos capazes de trabalhar da mesma forma depois de uma noite maldormida ou após uma situação estressante. Nossas experiências, dentro e fora do ambiente de trabalho, modificam as estratégias adotadas e as ações futuras. Podemos dizer que existe, portanto, uma **variabilidade intraindividual**. Esta variabilidade é influenciada pelas alterações fisiológicas do ser humano: envelhecimento, adoecimento, ciclos circadianos e, no caso das mulheres, o ciclo menstrual.

Planejar uma situação de trabalho considerando que o trabalhador se comporta sempre da mesma maneira pode ter como consequência a imposição de uma organização de trabalho que, em longo prazo, acarretará prejuízos à empresa/instituição e problemas ao trabalhador.

As pessoas, na situação de trabalho, muitas vezes não estão sozinhas, e o ambiente é compartilhado com outros indivíduos. Existe uma variabilidade nas características, experiências e fazeres de cada trabalhador. Essa diferença é chamada de **variabilidade interindividual**.

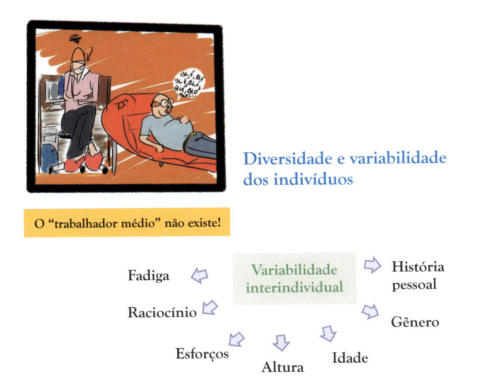

Diversidade e variabilidade dos indivíduos

O "trabalhador médio" não existe!

Além da variabilidade intra e interindividual, sabemos que as situações de trabalho não se mantêm uniformes no decorrer do tempo, seja em função de uma variabilidade prevista, como os **efeitos sazonais**, ou de uma variabilidade imprevisível, decorrente de eventos inesperados e flutuações nas demandas. O mau funcionamento de um equipamento, por exemplo, pode modificar todo o fluxo de uma tarefa, exigindo do trabalhador a elaboração de estratégias operatórias que possibilitem a resolução do problema, como demonstrado no exemplo do mau contato no microfone de Roberta.

Variabilidade

➡ O objetivo do estudo da variabilidade não é suprimi-la, mas compreender como os trabalhadores enfrentam a diversidade e as variações das situações, quais as consequências para a saúde e para a produção.

➡ Esta análise subsidia a definição dos meios que permitem aos trabalhadores fazer face à variabilidade.

Considerando o exposto, podemos afirmar que a noção do "homem médio" é pouco confiável para representar a diversidade das pessoas que ocupam os postos de trabalho no contexto real. Por isto, usar a média como parâmetro para a definição dos procedimentos pode impor prejuízos ao bem-estar dos trabalhadores. A saída proposta em ergonomia é analisar as características reais dos trabalhadores, o contexto nos quais eles desempenharão as atividades, e elaborar um planejamento que considere a variabilidade dos indivíduos e do processo de trabalho.

2.4.2 A confiabilidade humana

É nessa perspectiva que a confiabilidade humana nos sistemas complexos tem sido muito discutida e nós assumimos como pressuposto que a confiabilidade humana depende, de um lado, dos equipamentos e da maneira como o trabalho é concebido e organizado; e, de outro, da competência humana na gestão deste processo.

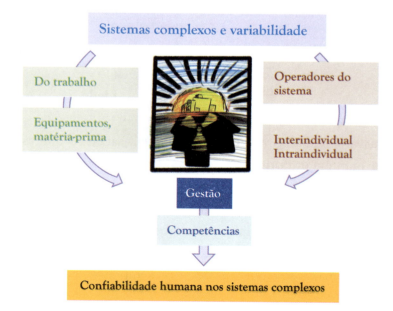

A confiabilidade humana é entendida como resultante de diferentes processos cognitivos que são mediados pela competência em agir de um coletivo de trabalhadores, em determinado contexto e apoiada por um sistema de produção e de tarefas.

A discussão sobre o tema da confiabilidade humana está cada vez mais em voga. Em parte isso pode ser explicado pelas características de certos sistemas de produção em que os acidentes, quando acontecem, são de grande monta, isto é, atingem uma quantidade enorme de trabalhadores, de usuários e, também, a comunidade que vive nas proximidades das fábricas. Em alguns casos, os acidentes têm reflexos negativos a quilômetros de distância, como foi o caso de Chernobyl e Bhopal.

- Será que no projeto do sistema e nos procedimentos operacionais padronizados havia informações suficientes para dar conta de qualquer eventualidade?
- Será que no momento crítico os trabalhadores dispunham da informação adequada, em tempo real?
- Será que aquele coletivo era de fato bem-estruturado, ou estava passando por um processo de demissões, de não recomposição de equipes após aposentadorias, afastamentos prolongados?
- Será que aqueles trabalhadores estavam bem, isto é, haviam repousado suficientemente, ou já tinham trabalhado muitas horas, dobrado turnos?
- E os sistemas de alarme estavam funcionando perfeitamente?

Garantir o "bom funcionamento" e a segurança dos sistemas é responsabilidade de vários atores sociais, entretanto, em muitas situações de acidente ou de mau funcionamento do sistema, a responsabilidade é imputada ao trabalhador, ou à equipe, que está na sala de controle e no comando de um determinado maquinismo. A história dos acidentes demonstrou que esse ponto de vista é parcial, e não corresponde à realidade. Mesmo que o trabalhador do "final da linha" não tenha agido conforme o previsto, ou prescrito, é importante analisar em profundidade o porquê.

Aumentar a confiabilidade dos sistemas de produção não seria evitar que os trabalhadores cometam "erros". Aliás, a noção de erro humano deveria ser repensada uma vez que ela pressupõe um modo certo para agir. A noção de insucesso na ação é mais pertinente.

Em ergonomia, a noção de erro humano é, no limite, falaciosa. O erro deve ser considerado como o insucesso de uma ação que é influenciada diretamente pelo ambiente. Para alguns autores como Norman (1993), se há um insucesso em uma ação, ele deve ser atribuído à configuração ambiental ou ao contexto que não está adaptado às características humanas – em situações normais ou degradadas – e não aos trabalhadores. Esse "erro", influenciado pelo contexto, pode ocorrer tanto em tarefas controladas (enganos) quanto em tarefas automatizadas (lapsos).

▶ **Lapso**
Ocorre falha no processamento automatizado. Ex.: errar a marcha quando dirigimos um carro.

▶ **Engano**
Ocorre falha quando realizamos um processamento controlado. Ex.: vemos um endereço e escolhemos a direção errada.

Tal distinção permite propor pistas para um novo projeto de ambiente, de ferramentas ou de uma organização do trabalho que considere esses fatos, visando reduzir a probabilidade de uma decisão pouco apropriada. Desta forma, a ação do trabalhador é um fator fundamental de confiabilidade nos sistemas de produção.

"Erro humano" ou falha na representação?

▶ A conduta que seria desejável é constituída só a *posteriori*, sem levar em conta a carência de informações do trabalhador no momento do incidente e os constrangimentos, em particular os temporais, que se impunham a ele (GUÉRIN; LAVILLE; DANIELLOU; DURAFFOURG; KERGUELEN, 2001).

▶ Se "erros foram cometidos, possivelmente ocorreram na concepção dos dispositivos técnicos, na escolha da apresentação da informação, na organização do trabalho, na definição da formação etc." (GUÉRIN; LAVILLE; DANIELLOU; DURAFFOURG; KERGUELEN, 2001).

Convém repensar o conceito de confiabilidade, uma vez que a questão é sistêmica. Frequentemente, ela tem suas raízes no projeto, no conhecimento das variáveis e nos seus possíveis acoplamentos. Dentre eles, boa manutenção, garantia de possibilidade de aprendizado adequado, de sistemas confiáveis e inteligíveis, de equipes coesas, de boas condições de trabalho e da possibilidade de compartilhamento adequado da informação entre pares e com a hierarquia.

No trabalho a pessoa busca atingir objetivos sob uma condição determinada pela empresa, o que vai lhe exigir um investimento de natureza física, cognitiva e afetiva que, em geral, resulta em uma carga, que é sentida de forma diferenciada conforme as características pessoais ou o contexto. A seguir vamos explicitar um pouco melhor a noção de **carga de trabalho**.

2.5 A CARGA DE TRABALHO

Um dos conceitos mais tradicionais em ergonomia é o de "carga de trabalho". Apesar de muito difundido, muito dito, é um conceito problemático, pois remete a uma ideia de medição do trabalho. Por exemplo, quantos "*ergs*" a pessoa precisaria fornecer para dar conta de tal tarefa? Esse conceito pode ser visto como originado nas visões clássicas da ciência segundo as quais qualquer conhecimento seria válido se os fenômenos analisados fossem mensuráveis

e decompostos em variáveis, a fim de lhes atribuir uma relação de causa e efeito. Muitas medidas foram desenvolvidas em laboratório, para os estudos de fisiologia humana, no final do século XIX e início do século XX. Vários destes estudos são contemporâneos de Taylor e o ajudaram a dar uma conotação científica às suas propostas. As medidas de fadiga, as medidas de consumo de oxigênio, de força física, estão nesta perspectiva, e são fundadoras para o conceito de carga de trabalho.

Apesar de terem certa validade, são limitadas, fragmentadas, contêm um ponto de vista simplificador da realidade. Elas não dão conta de aspectos fundamentais, como a variabilidade, as diferentes estratégias e as inter-relações entre os fenômenos. Apesar de todas essas limitações e de ser um tanto ultrapassada como conceito, a carga de trabalho é ainda muito usada. Encontramos na literatura citações à carga física, à carga mental ou cognitiva e à carga psíquica. Propomos utilizar esse conceito de maneira mais simbólica, menos concreta, sem um atributo de medida. Todas as tentativas de medir a carga resultam, ao contrário do buscado, em imprecisões.

> Um investimento solicitado ao sujeito para realizar e adaptar-se às transformações exige superação de uma organização do trabalho apoiada no determinismo tecnológico e nos modelos gerenciais "modernizadores". Este fazer é o determinante da carga de trabalho.

Ao se referir à carga de trabalho, trata-se, em muitas situações, de uma referência ao excesso, a uma sobrecarga. Quando não é suportável carregar peso, quando a manutenção de uma postura traz desconforto e dor, quando o ritmo supera a recuperação, quando o horário de trabalho traz problemas de sono, quando não é possível tratar tanta informação, quando não se dá conta de tarefas concomitantes, quando não se suporta mais a pressão, o assédio. Essas referências nos remetem à necessidade de repensar as tarefas e a organização do trabalho para evitar as consequências à saúde, os insucessos na ação, os problemas de qualidade, a perda de produtividade.

A carga de trabalho

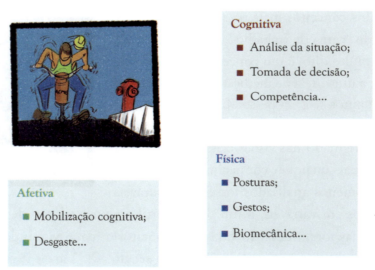

Cognitiva
- Análise da situação;
- Tomada de decisão;
- Competência...

Física
- Posturas;
- Gestos;
- Biomecânica...

Afetiva
- Mobilização cognitiva;
- Desgaste...

O exemplo de Roberta permite ilustrar a questão da carga de trabalho. Quando ela se queixa das dores nas costas ao final do dia, as estratégias por ela utilizadas para compensar a sua maior estatura, e consequente dificuldade para utilizar a bancada, podem ser compreendidas como relativas à dimensão física de sua carga de trabalho. O mesmo acontece com a dimensão psíquica, em que a carga de trabalho pode ser relacionada à falta de reconhecimento por parte da hierarquia com relação àquilo que ela faz ao seu esforço, ou, ainda, por uma repentina notícia de uma possível demissão em massa e os conflitos que se instauram entre colegas para tentar evitar a sua própria demissão. Da mesma forma, no início de cada mês, quando o ritmo de trabalho aumenta, fica mais difícil para Roberta realizar todas as trocas de mercadorias necessárias, emitir as notas fiscais, fazer os pacotes, prestar atenção nos cupons promocionais e, no momento de fazer o anúncio sonoro, se lembrar da mensagem.

Com o aumento da quantidade de informações para processar, ou seja, da carga cognitiva de trabalho, pode ser que Roberta se esqueça do mau contato no fio do microfone, e a mensagem seja emitida com falhas. Esta divisão é didática, pois em uma situação real de trabalho estas três dimensões não apresentam uma divisão tão definida. Todo esse cenário de trabalho coloca-se em movimento a partir do desenho da organização do trabalho.

2.6 A ORGANIZAÇÃO DO TRABALHO

Tratar da questão como se organiza o trabalho nos mais diversos setores da economia e nas inúmeras empresas parece uma pretensão muito grande, uma vez que cada situação é diferenciada, tem sua própria história, que se insere em determinado contexto geográfico, econômico e social. Entretanto, além dos diferentes modelos de organização do trabalho que nos permitem entender uma série de aspectos, é fundamental para o ergonomista situar aquela tarefa em um determinado contexto de produção.

Ao contrário do que poderíamos imaginar, organização do trabalho não significa ordem, limpeza, colocar as coisas no seu devido lugar e no seu devido tempo. Apesar da dificuldade para definir o que é organização do trabalho, uma vez que há pontos de vista diversos e muitas questões em jogo, podemos identificar aspectos importantes que caracterizam a tarefa. Nessa perspectiva, situamos a divisão das tarefas e, consequentemente, a divisão das pessoas e a estrutura hierárquica; os tempos de trabalho e de pausa; os ritmos e as cadências. Apesar de não estarem ligados diretamente ao conceito de organização do trabalho, a maneira como a produção é organizada (linha de produção, células de manufatura) e como é definido o arranjo físico, os critérios de qualidade e de produtividade também regem a concepção das tarefas.

Apesar de não buscarmos a exaustão, não se pode trabalhar com ergonomia sem compreender os determinantes das tarefas que, em boa parte, dependem dos pressupostos dos modelos de organização adotados. Ao tratarmos da questão da organização não nos atemos ao que se define como organização do trabalho, no sentido restrito. O trabalho se insere em determinado universo de produção, entender os pressupostos e a maneira como se organiza a produção, apesar de não haver uma fronteira nítida com a organização do trabalho, também é de grande importância em ergonomia. A tarefa é definida em um determinado cenário, pela maneira como se organiza o trabalho, pela organização da produção.

No caso de Fernanda, por exemplo, é determinado um procedimento para atendimento ao cliente que se insere em um processo de produção de serviços daquela empresa. A sua tarefa foi delimitada a partir de certos pressupostos organizacionais. Naquela empresa cada um desempenha um papel, que se limita teoricamente àquilo que foi previsto pelos responsáveis pelos métodos e pela organização do trabalho. No seu caso, Fernanda tem alçada para resolver parte dos problemas trazidos pelos clientes e funcionários; ela se responsabiliza até certo ponto. A partir daí ela deve se reportar à gerência ou a outros setores. Por outro lado, aquilo que os caixas e outros trabalhadores não podem fazer, como liberar algum pagamento, providenciar notas fiscais, entre outros, Fernanda tem alçada para tanto. Cada um tem seu papel delimitado dentro do processo de produção, com um determinado nível de poder para resolver questões. Cada um opera certos equipamentos, ou pode ter acesso a partes dos sistemas de informação, tanto para entrar como para acessar dados.

Várias escolas de organização do trabalho foram criadas nos últimos 100 anos, dentre elas a mais famosa é conhecida como Organização Científica do Trabalho (OCT), ou taylorismo-fordismo.

> A presença de padrões rigorosos de execução e pressão temporal restringem as complexas inter-relações que se estabelecem na atividade para cumprir sua função.

> O sistema de controle é contraditório em tarefas que solicitam cooperação nas interações de trabalho com possíveis reflexos na saúde dos trabalhadores.

> Dores e tensões podem refletir uma sobrecarga proveniente das confrontações entre as distintas lógicas atuantes na situação de trabalho, que demandam estratégias de regulação diante das normalizações, regras impostas e cobranças rígidas.

É interessante, na história da ergonomia, o fato de que sob certos aspectos ela evoluiu em paralelo às escolas de organização. Isto é evidente, pois como a ergonomia foi criada para adaptar o trabalho às características humanas, ela se insere em um cenário de produção, que é definido pelos modelos adotados. Se em um primeiro momento a ergonomia se fundou em relação ao taylorismo-fordismo, a sua evolução e utilidade seguem e se inserem em cenários de produção muito diversos, como aqueles existentes em operações de sistemas contínuos, em manufaturas baseadas em grupos e equipes de produção, na ideia de "trabalhador multifuncional" e nos mais diversos tipos de organização de serviços.

A ergonomia – outra abordagem

➡ Novo olhar para analisar a relação homem–trabalho: atividade torna-se o fio condutor.

A análise da atividade considera:
- Elementos do ambiente de trabalho;
- Características dos trabalhadores;
- Como o trabalhador constitui problemas em situação real.

No caso da ergonomia da atividade, durante muitos anos, ela se firmou em confrontação com os princípios da OCT. O que não ocorreu necessariamente com outras escolas de ergonomia, em especial aquela conhecida como ergonomia dos fatores humanos. Dentre os pressupostos da OCT, alguns são fundamentais para entender o trabalho.

Então, imagine um processo de produção no qual podemos definir que cada trabalhador ficará responsável pela inserção de um determinado componente ou da montagem de apenas uma peça – como o computador que estamos usando. Para tal, desenvolvemos um sistema de transporte para que o trabalhador tenha na sua frente aquilo que será montado e, em seguida, o mesmo meio de transporte (esteira) levará o computador, em processo de montagem, para o trabalhador seguinte que estará alocado em outro posto de trabalho. Este é um exemplo de linha de montagem, no qual o processo é dividido, fragmentado, em operações restritas que se encadeiam numa sequência linear.

O interessante é que por trás de tal sistema existe uma série de pressupostos. Em primeiro lugar, há um ponto de vista que considera que seria possível definir a melhor maneira de montar, de operar, de executar. Além disso, assume que seria possível conseguir um determinado nível de ordem na produção, que o desempenho geral do sistema seria o melhor possível. Assim, a produção seria mais eficaz, os custos seriam menores, a previsibilidade do processo seria ótima e as tarefas a serem executadas seriam as mais simples e fáceis para a aprendizagem e para o controle.

Tão fáceis seriam as tarefas, que não seria necessário pensar sobre elas, bastaria aos trabalhadores cumprir os procedimentos, realizar gestos precisos e econômicos para dar conta daquilo que seria a sua "função". Não é à toa que se designa trabalhador como "mão-de-obra", um eufemismo.

Esses pressupostos, considerados científicos, pois correspondiam àquilo que se considerava como ciência à época (início do século XX), são derivados de uma visão dominante, mecanicista e funcionalista. Concordemos ou não com esses pressupostos, eles colonizaram o mundo da produção durante muitos anos e, ainda hoje, é o modelo de produção mais disseminado, inclusive foi adotado massivamente na produção de serviços, em especial aqueles conhecidos como serviços de massa.

Paradoxalmente, apesar da importância histórica e da presença dominante deste ponto de vista, ocorreu uma evolução nos modelos de produção, no conhecimento e nos paradigmas científicos. O pressuposto da linearidade, do controle absoluto, do estabelecimento de regras e de uma determinada ordem como dados estanques estão, de certa forma, ultrapassados. Atualmente, podemos nos basear em outros pressupostos que consideram a dinâmica dos sistemas. Enfim, hoje é possível conceber a produção e o trabalho e, também, entender os fenômenos a eles relacionados de pontos de vista completamente diversos, se não antagônicos aos pressupostos tayloristas-fordistas. Além disso, apesar do preconizado por esse sistema, a sua implantação nunca é perfeita. Mesmo numa típica linha de produção, aquilo que acontece não se dá da forma prevista ou prescrita, o controle não é perfeito, o encadeamento dos processos não correspondem ao previsto, eventos variados "atrapalham". Sempre houve uma organização do trabalho prescrita e outra, real.

Novos modelos de gestão

- Apoiados em novos critérios de produtividade, em um novo perfil de trabalhador;
- Pressupõe a articulação entre: flexibilidade da produção e desenvolvimento de novas competências;
- Mobilização da subjetividade.

Desafios

- Superar os modelos delineados pela lógica do determinismo tecnológico e do taylorismo;
- Identificar as necessidades (políticas, sociais, materiais e culturais) que permeiam o processo de reestruturação produtiva.

Muitas vezes há um verdadeiro abismo entre aquilo que se pressupõe e aquilo que de fato acontece. Da mesma forma que, numa situação de produção baseada no modelo taylorista-fordista há uma distância entre a organização do trabalho prescrita e a real, há também diferenças significativas entre a tarefa prescrita e aquilo que é realizado.

Assim como há uma busca de tudo controlar, prever, definir no que tange à produção, o mesmo ocorre com relação às pessoas e ao seu comportamento. O ser humano deveria se enquadrar e se adequar à tarefa, estar de acordo com o modelo predefinido que melhor se encaixa naquele sistema. Isso ocorre também para selecionar pessoas no aspecto físico: aquelas que melhor se encaixam naquele posto de trabalho são contratadas. Aí reside outro problema sério: as pessoas não se encaixam, não são tão previsíveis e, ainda mais, pensam e sentem o tempo todo.

Este conflito entre o humano adequado ao sistema de produção, que seria um não-humano, e os seres humanos reais, os sujeitos, pode explicar, em boa parte o sofrimento que se encontra em muitas situações de trabalho. Tantos acidentes e doenças poderiam ser explicados considerando-se que no modelo de produção clássico (taylorista-fordista) está prevista a inserção de um pseudo-humano, ou um humano em parte, talvez o esboço de um robô.

Novo perfil produtivo

➤ Valorização da polivalência, do comprometimento organizacional, da qualificação técnica, da capacidade de diagnóstico e de decisão.

Solicita ao trabalhador

Aquisição de novas competências, novo modo de "saber ser", "saber fazer" e "saber pensar".

A ergonomia da atividade se coloca, desde seus primórdios, em confrontação com essas ideias. No entanto, ela também é convocada para ajudar a transformar o trabalho, seja no nível do projeto de uma situação que ainda não existe ou, para adequar uma situação já existente, na qual os pressupostos se distanciam destes considerados clássicos. Poderíamos considerar que modelos atuais de organização da produção e do trabalho já incorporam conceitos mais próximos do real. A produção é planejada de maneira mais integrada, em que a margem de liberdade na definição das tarefas é mais flexível, mesmo assim, ainda existem questões e desafios para as quais a ergonomia é solicitada a contribuir. Como exemplos, podemos evidenciar ações ergonômicas que têm sido desenvolvidas em salas de controle de usinas nucleares, de petroquímicas, de siderúrgicas, de transporte urbano, rodoviário, ferroviário e metroviário. Outras ações têm sido desenvolvidas em serviços, como em hospitais e, também, em empresas de manufatura, onde princípios de trabalho em equipe e de "trabalhador multifuncional" foram incorporados.

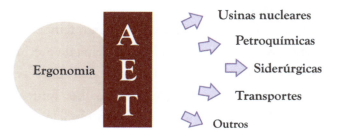

Não vamos esgotar os tipos de organização onde há demandas em ergonomia, mas fica evidente que, mesmo em modelos diferentes do chamado modelo clássico, há e haverá questões para serem tratadas pelo ergonomista.

Entretanto, em situações ditas modernas, em que aparentemente as condições de trabalho são mais adequadas, tem havido muita demanda para a ergonomia. É o caso típico dos serviços de massa, onde o trabalho é organizado com base em pressupostos muito próximos daqueles propostos na tradição taylorista-fordista. Nesses casos, o processo de produção é fragmentado, as tarefas são muito restritivas e o controle é ainda mais exacerbado do que na fábrica clássica. Ele é feito com auxílio de meios eletrônicos e por supervisão direta. Nota-se uma tentativa de criar procedimentos para praticamente tudo. As margens de manobra são extremamente restritas, os horários, os ritmos e pausas são reduzidos e predefinidos, os famosos tempos-mortos ou "improdutivos" são combatidos por meio dos mais diferentes instrumentos.

> Mais do que constrangimentos, o tipo de organização do trabalho é tão restritiva que os trabalhadores chegam a ser impedidos de fazer, de se movimentar, até de serem eles mesmos.

Sobre as novas maneiras de organizar o trabalho, há muitos resquícios dos princípios clássicos. Mesmo quando existe bastante margem de manobra no desenvolvimento das ações, ainda há pouco ou nenhum envolvimento dos trabalhadores nos processos de concepção da produção e do trabalho, assim como no das ferramentas que serão utilizadas.

O desafio para a ergonomia, aliás, sempre presente, é adaptar os seus instrumentos para analisar as mais diversas situações de trabalho. O método da AET é suficientemente flexível para permitir essas adequações. Como exemplos, podemos citar as adequações necessárias para analisar o trabalho coletivo, as atividades que se desenvolvem em diferentes postos de trabalho, as atividades de trabalhadores que têm papel de supervisão e, mesmo, de gerenciamento.

Dimensões coletivas da atividade

Múltiplas formas de interação entre as atividades

- Cooperação explícita para a realização conjunta de uma mesma tarefa;
- Os aspectos coletivos que se manifestam apenas nos resultados do trabalho;
- A atividade simultânea de trabalhadores que têm objetivos diferentes;
- Atividades de regulação estrutural.

Cooperação
Implica operadores trabalhando num mesmo objeto de trabalho, numa relação de dependência mútua.

Colaboração
Estabelece relações entre os trabalhadores que habitualmente não trabalham no mesmo objeto, mas compartilham suas competências para lidar com uma situação particular ou famílias de situações.

Coordenação
Pressupõe que os trabalhadores devem levar em conta mutuamente o ordenamento de suas ações e respectivas decisões, mesmo tendo objetos imediatos diferentes.

Co-ação
É a forma particular de coordenação em que os trabalhadores realização ações paralelas, devendo convergir num dado momento.

Convém reforçar alguns aspectos que na perspectiva da ergonomia se contrapõem a dos modelos clássicos. Primeiramente, enquanto os modelos clássicos orientam o planejamento da produção com base em médias, seja com relação à população, seja em relação aos dados de produção (volumes, produtividade, qualidade), a ergonomia considera a variabilidade inter e intraindividual, as variações na produção, os eventos. A noção do "homem médio" é pouco confiável para representar a diversidade das pessoas que ocupam os postos de trabalho no contexto real.

Portanto, é importante analisar as características da população de trabalhadores, o contexto nos quais eles desempenham as atividades, e elaborar um planejamento que considere estes fatores. As metas de produção devem ser definidas de modo a incorporar estes conceitos de variabilidade, de relativa imprevisibilidade, para que não imponham prejuízos ao bem-estar, com riscos à saúde e à segurança dos trabalhadores, assim como aos resultados da produção.

Por fim, a descrição das tarefas em gestos ou passos predefinidos restringe a possibilidade de os trabalhadores determinarem as melhores formas de desenvolver a atividade, preservando seu bem-estar. A regulação do modo operatório pelos trabalhadores é um pressuposto para que possam melhor definir a maneira de chegar ao resultado final, para dar conta da variabilidade descrita.

Quando realizamos uma ação ergonômica não é proposto que se esgote ou que se analise em profundidade a *organização do trabalho*. Entretanto, é fundamental que se conheça bem os aspectos que vão influenciar a definição das tarefas. Aí se incluem as normas, as regras e os procedimentos, a organização dos tempos de trabalho (horários, ritmos, pausas). As divisões hierárquicas e a divisão entre setores da produção também devem ser avaliadas, pois restringem ou facilitam a comunicação, o contato e a resolução de problemas. Podem também ser relevadas as maneiras como é feita a gestão e como se organizam as equipes para fazer frente aos mais variados imprevistos, entre outros.

Um impacto negativo dos modelos rígidos de organização do trabalho é a restrita abertura à participação dos trabalhadores no processo decisório. Este procedimento gera, além dos diversos tipos de doenças relacionadas ao trabalho, a insatisfação e a frustração dos trabalhadores, a vivência da incapacidade de superar os obstáculos cotidianos do contexto real.

Impactos de uma rígida organização do trabalho

- Doenças relacionadas ao trabalho;
- Insatisfação dos trabalhadores;
- Frustração dos trabalhadores.

Incapacidade de superar obstáculos do cotidiano

Impactos na produção

Corroborando a perspectiva da ergonomia, a organização do trabalho deve ser um compromisso resultante da negociação social. Ela deve ocorrer de maneira simultânea envolvendo os pares, e atores de diferentes níveis hierárquicos. Isso tudo porque a definição técnica com relação à realidade produtiva é sempre insuficiente, exigindo reajustes e reinterpretações por parte dos sujeitos. Nas situações em que a organização do trabalho assume uma configuração flexível, resultante do compromisso e de negociações constantes entre os envolvidos no processo, ela pode tornar-se um recurso para o equilíbrio psíquico dos atores.

Na situação de trabalho, as normas de produção são confrontadas com as características dos trabalhadores e as condições de trabalho, e é a partir desta interação que os resultados do processo produtivo são alcançados.

Uma vez que diferenciamos e conceituamos os principais elementos da situação de trabalho, é pertinente lembrar que, no desenvolvimento da atividade de trabalho, as pessoas efetuam um processo de regulação entre a sua capacidade, os seus limites, os objetivos e as metas a serem alcançadas e as condições materiais e ambientais disponibilizadas.

Os conceitos abordados neste capítulo são requisitos para a compreensão da construção e aplicação do referencial teórico em ergonomia, bem como são trilhas para seus modelos e técnicas de ação. Discutir a situação de trabalho implica abordar a visão de trabalho da ergonomia (diferenciando tarefa e atividade), analisar os determinantes da organização do trabalho e considerar a variabilidade, tanto aquela relativa aos homens quanto ao processo produtivo.

3
O homem no trabalho

3.1 Introdução

No primeiro capítulo apresentamos a ergonomia e a abrangência da atuação do ergonomista. No segundo, alguns conceitos centrais para a compreensão do trabalho humano, que constituem parte do referencial teórico da ergonomia e base para a metodologia de ação e pesquisa. Agora vamos discutir alguns aspectos relativos à fisiologia do ser humano em situação de trabalho, especialmente, os ritmos de trabalho e suas aplicações; as posturas adotadas durante as atividades de trabalho; as contribuições da antropometria e da biomecânica; a força e o movimento; o trabalho estático e dinâmico; o manuseio e transporte de carga; e concluiremos com o metabolismo. Esses conceitos serão abordados por meio de exemplos que retratam o contexto do trabalho.

3.2 Os ritmos

A vida do ser humano é regulada por ritmos. Podemos dizer que a vida é constituída de ciclos de ação (contração) e repouso (relaxamento) e ciclos de maior e de menor intensidade. Os diferentes ciclos da vida humana, desde o nascimento até a morte, podem ser compreendidos na sua relação com o tempo. É difícil identificar e classificar todos os ciclos, mas é importante considerar que há momentos mais ativos, seguidos por outros de redução do ritmo. Por exemplo, após a contração, há um relaxamento da musculatura; após a captação de estímulos visuais constantes, os transmissores nervosos precisam ser reconstituídos; após momentos de muita atenção em um estímulo, o cérebro necessita mudar o foco da atenção; após um longo trabalho de processamento dos alimentos, o estômago precisa de repouso; após ficar acordado durante horas, é preciso dormir, pois os hormônios são secretados em maior ou menor quantidade em consonância com o horário, com as semanas, com os meses.

Autores como Colacioppo e Smolensky (2003) afirmam que as funções do organismo têm uma organização temporal definida, ou seja, possuem uma estrutura no tempo, que influencia cada aspecto da vida, incluindo as respostas às exigências do trabalho.

 Como se relacionam os ritmos de trabalho com os ritmos biológicos?

 Será que ao conceber uma linha de produção, ao gerenciar uma fila de atendimento, ao definir a cadência de uma determinada tarefa, são respeitados os ritmos biológicos?

Podemos afirmar que todos nós, de uma maneira ou de outra, já vivemos e já sentimos que a resposta para essas questões é **não**, pois:

- Muitas vezes, ao manter um ritmo de produção, a contração da musculatura atinge um grau de fadiga, em que não há mais relaxamento subsequente à ação, prevalecendo a dor;
- Ao passar várias horas trabalhando em um computador, torna-se difícil conseguir focar a visão, os olhos ardem e podem aparecer dores de cabeça;
- Após um período de atenção concentrada para operar uma prensa, sentimos dificuldades para acompanhar o movimento da prensa, elevando o risco de deixar a mão e sofrer um acidente;
- Após um longo período redigindo um texto, sentimos dificuldade para fazer fluírem as ideias;
- Ao trabalharmos durante a noite, sentimos sono no meio da madrugada; e
- Após dias e dias sem folga, ou vários anos sem tirar férias, não conseguimos mais desenvolver nossas atividades de trabalho e, também, as da nossa vida familiar e social.

 "O nosso corpo não se acostuma com a mudança de horário"
Por que os trabalhadores dizem esta frase?

Essa frase pode sintetizar o sentimento dos trabalhadores, em diferentes situações, especialmente aqueles que trabalham em turnos alternantes. Ela reflete o que tem sido demonstrado em muitos estudos: as alternâncias frequentes de horário provocam dissonâncias no organismo que podem ser prejudiciais à saúde dos indivíduos.

Como essas alterações ocorrem? Elas estão relacionadas às características temporais do organismo humano e incluem o estudo dos ritmos biológicos, ou seja, as oscilações fisiológicas periódicas e as mudanças associadas ao desenvolvimento humano.

A ciência dos ritmos biológicos ou cronobiologia é uma disciplina que estuda a organização temporal dos fenômenos biológico-fisiológicos e/ou psicológicos, assim como as respostas do organismo às agressões do ambiente. Por exemplo, podemos citar a suscetibilidade e resistência dos trabalhadores às substâncias químicas e a dificuldade de adaptação ao trabalho noturno (FISCHER; MORENO; ROTENBERG, 2003).

Antes de iniciar propriamente este capítulo, vamos apresentar um exemplo que será retomado no decorrer do texto visando ilustrar os conceitos.

Você provavelmente já ouviu falar em, ou já conheceu um, Restaurante Industrial (RI). Trata-se de um estabelecimento que fornece milhares de refeições por dia a preços reduzidos. São exemplos desse tipo de instituição: os restaurantes universitários, os refeitórios em empresas, os refeitórios militares e os restaurantes populares – esses últimos destinados à comunidade em geral, cobrando preços baixos por refeição. Esses RIs populares são verdadeiras organizações. A sua estrutura organizacional é composta por diferentes setores:

a) **Almoxarifado** – responsável pelo acondicionamento dos alimentos perecíveis e não-perecíveis (como arroz, carne, enlatados, verduras, frutas etc.), bem como produtos de higiene e limpeza (como desinfetantes, rodos, vassouras etc.).

b) **Manutenção e limpeza geral** – responsável pela manutenção dos equipamentos, dos materiais e da limpeza constante do refeitório, da cozinha e das demais dependências.

c) **Vigilância** – responsável pela manutenção da segurança e da ordem no horário de atendimento e pela vigilância do local.

d) **Administração** – responsável pela organização do RI, incluindo a gestão de pessoal e a contabilidade.

e) **Cozinha industrial** – responsável pelo cardápio e pela preparação das refeições: café da manhã, almoço e jantar.

Escolhemos dois dos setores descritos acima para ilustrar os conceitos que serão apresentados neste capítulo. O primeiro é o setor de vigilância. Por meio das suas características de trabalho introduziremos a noção de ritmos humanos e ritmos de trabalho. O outro setor que vamos analisar é a cozinha industrial (área-fim do RI), com ênfase em um dos seu postos de trabalho. A partir dele, discutiremos as posturas resultantes das exigências das tarefas e das condições de trabalho.

3.3 Ritmos humanos e de trabalho

A espécie humana, segundo Menna-Barreto (2003), oscila ajustando-se aos ciclos ambientais, como o dia e a noite e as estações do ano. Os ciclos ambientais atuam sobre os mecanismos de temporização promovendo ajustes, de forma a preservar a Organização Temporal. Quando as oscilações se repetem de forma regular são chamadas de ritmos biológicos.

As diferentes maneiras de organizar a sociedade criam condições artificiais que interferem neste processo. Por exemplo, quando o horário de verão entra em vigor, nossos ritmos biológicos devem adiantar-se em uma hora. Ao término do horário de verão, o ajuste é no sentido contrário, com o atraso de uma hora. São esses ajustes que chamamos de sincronização ou arrastamento, que é estabelecida entre o ciclo ambiental e os nossos sistemas de temporização internos (FISCHER, 2003; MENNA-BARRETO, 2003).

> **Os ritmos são gerados pelo próprio organismo e os estímulos ambientais têm o papel de modular o denominado "relógio biológico".**

A descoberta da eletricidade e a invenção da lâmpada elétrica produziram um grande impacto sobre esses ritmos. A possibilidade de desenvolver os mais variados tipos de atividade mesmo quando não há luz natural (solar) trouxe muitos benefícios e possibilitou que artefatos, indústrias e serviços pudessem estar disponíveis quase ininterruptamente (FISCHER; MORENO; ROTENBERG, 2003).

Para que tenhamos os serviços e produtos disponíveis continuamente, os seres humanos, também, foram obrigados a trabalhar durante a noite, gerando impactos sobre a saúde. Essa situação criou um conflito entre os sincronizadores "naturais" e os "artificiais", repercutindo no processo de arrastamento (sincronização). A maioria das comunidades funciona em acordo com os ciclos naturais do dia e da noite. Contudo, atualmente, uma parcela significativa de pessoas trabalha, enquanto outras se encontram em seu momento de descanso, dormindo à noite (FISCHER, 2003; MENNA-BARRETO, 2003).

Com este cenário vamos retomar o exemplo do Restaurante Industrial (RI). Nós apresentamos a sua estrutura organizacional como sendo composta por diferentes setores. Um deles é a Vigilância, cujos profissionais estão divididos em equipes organizadas em turnos alternantes, inclusive o noturno.

O Setor de Vigilância do RI é responsável pela segurança diurna e noturna e conta com uma equipe própria, não terceirizada. O trabalho é dividido em turnos e o almoço é o período de maior exigência em razão da quantidade de pessoas que frequentam o refeitório. Além do cuidado com a segurança do local (já que houve algumas tentativas frustradas de assalto), a equipe ajuda a organizar a venda de tíquetes e o fluxo de entrada e saída do refeitório. Por vezes há certo tumulto, pois existem muitas pessoas a serem servidas enquanto outras já almoçaram e permanecem ocupando lugares. Quando indagados sobre suas queixas, os funcionários da Vigilância reclamaram principalmente do turno da madrugada. Os turnos são rotativos e mudam a cada cinco semanas. Eles revezam todos os turnos por um determinado período e se queixam da aparente monotonia à noite, da dificuldade em manter uma vida social e familiar. Dizem ainda que, quando estão trabalhando no turno da noite, sentem mais cansaço e debilidade física. Segundo o Chefe do Setor, *"o contato com as pessoas de dia ajuda a passar o tempo. De noite tudo é frio e as horas passam mais devagar"*.

A Constituição Brasileira de 1988, em seu artigo 7º, inciso XIV, determina que *a jornada é de seis horas para o trabalho realizado em turnos ininterruptos de revezamento, salvo negociação coletiva* (BRASIL, 1988). Apesar do setor de vigilância do RI se encontrar na categoria de trabalho em turnos ininterruptos, a jornada de trabalho é de 8 horas, resultado de uma negociação coletiva.

A escala é definida de modo a assegurar períodos semanais de descanso e as férias anuais. Assim, os trabalhadores estão distribuídos em 5 equipes (A, B, C, D e E), incluindo as duas equipes de revezamento, em turnos de 8 horas, sem um tempo previsto para a passagem de turnos. A duração da jornada é de 40 horas semanais, com ciclos de turnos de 35 dias – cinco semanas em rodízio direto.

O rodízio da Equipe A, representado no esquema a seguir, tem a sua rotação no sentido horário. Vale salientar que a escala é intercalada por folgas, que se organizam segundo um esquema que prevê, para cinco noites trabalhadas, dois dias de folga.

A rotação das equipes se dá no sentido horário. As Equipes D e E substituem as folgas das demais e o sentido da rotação é o mesmo das outras equipes.

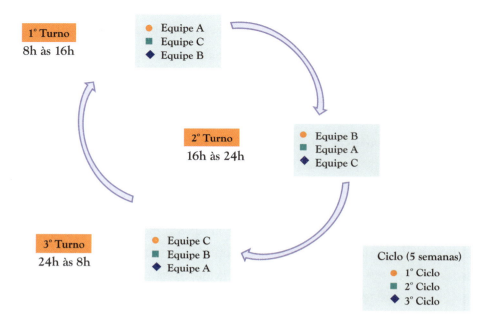

A organização dos turnos a ser adotada pelas empresas deve ter por objetivo minimizar o desajuste dos horários. Para tanto, é melhor reduzir a falta de sincronia dos horários de trabalho com o restante dos horários de funcionamento da sociedade e os ritmos biológicos. Os rodízios no sentido horário são mais favoráveis. Entretanto, é importante considerar outras variáveis como o tempo de deslocamento e o risco de acumular fadiga, principalmente quando há riscos de acidente.

Nas organizações, encontramos os turnos distribuídos em escalas muito variadas com períodos de rotação mais fixos ou mais flexíveis. Entretanto, nenhuma é perfeita e todas apresentam vantagens e inconvenientes, como a verbalizada pelo funcionário da vigilância do RI: "Eu tenho dificuldade em manter uma vida social e familiar". De acordo com Kroemer e Grandjean (2005) e Menna-Barreto (2003), a tendência atual é optarmos por escalas flexíveis, de forma a minimizar os problemas de saúde e os da vida familiar e social dos trabalhadores.

Uma das preocupações da organização dos ritmos de trabalho está associada ao equilíbrio entre os horários dos turnos e os ritmos biológicos. Estes são influenciados pela **Organização Temporal Externa**, que depende do ciclo ambiental, e pela **Organização Temporal Interna**, constituída por sincronizadores cuja periodicidade não está relacionada diretamente com o ambiente, como por exemplo, o ciclo menstrual e a produção de determinados hormônios.

As variações ao longo das 24 horas são conhecidas como ritmo circadiano (*circa* = em torno de e *dien* = dia) e sofrem influência do ciclo ambiental, como a mudança do claro para o escuro; os contatos sociais; o trabalho como parte da organização temporal externa.

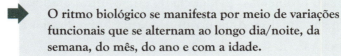
O ritmo biológico se manifesta por meio de variações funcionais que se alternam ao longo dia/noite, da semana, do mês, do ano e com a idade.

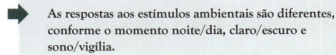
As respostas aos estímulos ambientais são diferentes, conforme o momento noite/dia, claro/escuro e sono/vigília.

As funções do organismo humano que são notadamente circadianas compreendem o sono e a vigília. Encontramos variações também:

- Na temperatura corpórea;
- Na frequência cardíaca;
- Na pressão sanguínea;
- Nos níveis hormonais;
- Na acuidade sensorial, no humor, nos níveis de atenção, alerta, desempenho, dentre outros (KROEMER; GRANDJEAN, 2005; MENNA-BARRETO, 2003).

O nosso organismo tem mecanismos de regulação para ajustar essas alterações e, assim, de maneira limitada, adaptar-se e antecipar-se às mudanças ambientais periódicas que exigem modos de funcionamento diferentes (qualitativa e quantitativamente).

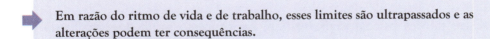
Em razão do ritmo de vida e de trabalho, esses limites são ultrapassados e as alterações podem ter consequências.

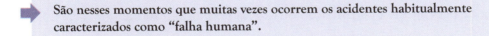
São nesses momentos que muitas vezes ocorrem os acidentes habitualmente caracterizados como "falha humana".

É nesta perspectiva que podemos observar a influência do trabalho nos ritmos humanos. Assim, uma mudança de turnos de trabalho pode em um primeiro momento ocasionar um desajuste na Organização Temporal Externa; este desajuste pode ter reflexos na Organização Temporal Interna, dependendo da frequência da mudança e da diferença de horas entre os turnos.

Retomando o nosso exemplo do Setor de Vigilância, um aspecto importante a ser evidenciado é que as tarefas desenvolvidas ao longo dos turnos se modificam consideravelmente. O último turno é tido como o mais monótono, pelas características das atividades, que consistem, sobretudo, em circular pelos diferentes locais do RI para evitar invasões. Contudo, nesse tipo de atividade é fundamental que o vigilante mantenha uma atenção seletiva, buscando elementos que indiquem se há (ou não) problemas. Evidencia-se, então, um paradoxo no trabalho de vigilância: a tarefa solicita do indivíduo atenção, mas uma de suas características – a monotonia – dificulta o desempenho.

Na atualidade vivemos em "uma sociedade que trabalha continuamente, 24 horas por dia" para responder às nossas demandas (FISCHER, 2003, p. 4). Ainda segundo a autora, para atender a tal demanda um grande contingente de pessoas realiza suas atividades fora dos horários usuais – 8h às 18h. A organização da produção de bens e de serviços muitas vezes rompe os ritmos biológicos em função de necessidades da sociedade e por necessidades técnicas de alguns setores do sistema produtivo.

Essa é uma das formas de assegurar a produção dos serviços, a exemplo dos hospitais, centros de telecomunicação, polícia, bombeiros, usinas, supermercados, dentre outros.

As dificuldades enfrentadas pelos trabalhadores para responder a essas demandas situam-se sobretudo:

- Na adaptação dos ritmos biológicos;
- Na inversão das fases atividade e repouso, nas perturbações do sono, na idade; e
- Nas questões familiares e sociais de forma geral.

Estes fatores psicossociais influem no processo saúde-doença. Desta forma, quando há uma inversão do sincronizador, isto é, se trabalha de noite e se dorme de dia, pode ocorrer uma perturbação da ordem temporal interna.

A desordem temporal ocorre:

- Porque o nosso ritmo circadiano não se inverte totalmente;
- A vida social e familiar das pessoas continua ocorrendo no horário padrão, embora o horário de trabalho tenha sido invertido;
- A velocidade dos diferentes ritmos não são as mesmas, alguns se invertem rapidamente, enquanto outros necessitam de vários dias para adaptar-se;
- As relações entre as fases dos diversos ritmos não se mantêm;
- As diferenças individuais fazem com que cada pessoa tenha um relógio biológico individualizado que sincroniza o ciclo do sono. Umas são preferencialmente matutinas e outras não.

O trabalho em turnos, segundo Gadbois (1998), obriga o trabalhador a desempenhar as suas funções em estado de desativação biológica levando-o a despender um esforço suplementar, considerando a diminuição da atenção, do desempenho, dentre outros. Enfrentar esta situação se torna mais crítico e difícil com o aumento da idade, uma vez que as modificações fisiológicas naturais do processo de envelhecimento tornam o trabalho noturno cada vez mais custoso para o organismo.

A contribuição da ergonomia para a saúde dos trabalhadores envolvidos nestas situações de trabalho consiste em propor transformações na organização do trabalho e subsidiar a compreensão destas perturbações que afetam os trabalhadores, considerando os fatores intrínsecos (idade, diferenças individuais – variabilidade) e extrínsecos ao indivíduo (hábitos sociais; o intervalo, a velocidade, o sentido e a duração de rotação dos turnos; o trabalho e as condições de execução; os modos de alocação das equipes e das pessoas) e, assim, contribuir para melhorar a qualidade de vida no trabalho.

 É possível manter o equilíbrio da ordem interna em função das imposições temporais das situações de trabalho?

Nas situações de trabalho em turnos (fixos ou rotativos), as horas de início e término dos turnos, a duração, a periodicidade e o sentido dessa alternância, a natureza e a variação da exigência da tarefa são essenciais para uma proposta de horário.

Dimensões da atividade que devem ser consideradas na definição dos turnos:

- O horário;
- A duração;
- O sentido (dia para noite);
- A frequência (duração do ciclo);
- A regularidade (do sistema de rotação);
- A técnica (do tipo dos trabalhos com máquinas);
- A cooperação nas equipes e entre equipes de turnos diferentes; e
- A escolha e o controle de pausas, interrupção, a comunicação, o arranjo espacial, os instrumentos, a manutenção.

Nesta perspectiva, a análise das situações de trabalho deve ser ampliada para além do posto de trabalho. A análise deve levar em conta a variabilidade dos indivíduos, da vida social e familiar. Além disso, outros fatores funcionam como mediadores dos efeitos negativos do trabalho por turno na saúde dos trabalhadores.

Retomando o nosso exemplo do Setor de Vigilância do RI, verificamos que no arranjo da escala do RI a duração da jornada resultou da opção coletiva dos trabalhadores, o sentido da rotação dos turnos acompanha o ritmo circadiano (dia/noite); a alternância de turnos visa evitar longos períodos de inversão completa do ciclo de sono e vigília.

O trabalho deixa marcas nos trabalhadores. Algumas são bem visíveis e identificáveis, como aquelas decorrentes de acidentes com máquinas ou de algumas doenças profissionais. Entretanto, há outras que não são bem visíveis, e que só são identificadas por olhos mais experientes. Entre elas podemos situar aquelas resultantes da forma de organização do trabalho, pano de fundo das atividades. Elas apresentam as marcas do desgaste físico e mental que aparecem, não na forma de doenças específicas, mas, sim, de agravamento de doenças, de fadiga crônica, de sofrimento mental, de hábitos alimentares pouco saudáveis ou ainda de envelhecimento precoce.

Associados à sincronia entre ritmos humanos e ritmos do trabalho, outros aspectos relativos à fisiologia do ser humano são igualmente importantes para compreendermos a relação do homem e da mulher com a situação de trabalho, como as dimensões e o movimento do corpo humano.

3.4 Antropometria e biomecânica

As medidas das dimensões do corpo humano, assim como os movimentos, são estudadas pela antropometria e pela biomecânica, permitindo-nos conhecer o volume espacial e as possibilidades do alcance de um objeto pelo movimento.

Abordaremos inicialmente algumas contribuições da antropometria e, na sequência, a biomecânica. Evocaremos os conhecimentos que nos ajudam a compreender e descrever:

- O movimento dos vários segmentos do corpo;
- As forças que agem nesses segmentos durante nossas atividades na vida cotidiana e no trabalho.

Os postos de trabalho devem ser ajustáveis a ponto de permitir que diferentes pessoas adotem as posturas mais confortáveis e as alternem conforme as suas necessidades. Nesta perspectiva, os postos de trabalho, ao serem projetados, devem contemplar, além das exigências das tarefas, a variabilidade dos seres humanos. Para tanto, devemos considerar medidas que contemplem a diversidade dos trabalhadores. Neste momento, a compreensão dos princípios da antropometria e da biomecânica constitui uma ferramenta muito útil.

A antropometria é uma técnica que surgiu no Egito, 3000 anos a.C, para descrever o corpo humano por meio das medidas. Adolphe J. Quetelet (1796-1874) é considerado o precursor da antropometria científica, pois foi ele o primeiro a utilizar métodos estatísticos nos estudos com seres humanos. Em seu estudo, ele demonstrou a aplicabilidade da teoria de Gauss, nos estudos dos fenômenos biológicos, apresentando a distribuição das medidas antropométricas na forma de curva da normalidade (NORDIN; FRANKEL, 2001; LLANEZA ALVAREZ, 2005). Medidas antropométricas são o ponto de partida para o correto dimensionamento de produtos, postos e ambientes de trabalho adequados às medidas dos usuários.

Para que serve a antropometria?
- Avaliar posturas e distâncias no alcance de dispositivos de controle e informação;
- Definir espaços livres em torno do corpo;
- Identificar objetos ou elementos que impeçam ou interfiram na movimentação.

Enquanto técnica, a antropometria tem sido utilizada no desenvolvimento de desenhos com padrões específicos, na avaliação dos desenhos para engenharia, nos produtos manufaturados com a finalidade de assegurar a aplicação das características dos usuários aos diferentes produtos.

Em ergonomia, o conceito de "homem médio" não existe. Considera-se o "homem estatístico" (LLANEZA ALVAREZ, 2005, p. 160), resultante dos valores extremos (maiores e menores), considerando-se a distribuição normal de 90% da população, ou seja, o intervalo compreendido entre os percentis referentes a 5% e 95% da população. Denomina-se percentil (p) um determinado ponto percentual na curva de distribuição. Desta forma, os limites inferior e superior são selecionados para atender aos percentis limites, como o 5 e o 95. Assim, os indivíduos mais altos (limite superior) são tomados como parâmetros na definição dos espaços para altura das portas ou aberturas, espaços sob as mesas, e os indivíduos de dimensões menores

(limite inferior) para definir as zonas de alcance, por exemplo, alturas e distâncias em superfícies (LLANEZA ALVAREZ, 2005; KROEMER; GRANDJEAN, 2005).

As medidas antropométricas são tomadas de duas maneiras: antropometria estática ou estrutural e antropometria dinâmica ou funcional. A primeira se baseia nas medidas realizadas com o ser humano em repouso, a segunda são as medidas realizadas com o ser humano em movimento, independentemente do tamanho dos segmentos corporais (LLANEZA ALVAREZ, 2005; KROEMER; GRANDJEAN, 2005).

Quando pensamos em um posto de trabalho precisamos de medidas variadas. Tudo depende da natureza e das exigências da tarefa. Elas serão distintas, por exemplo, se o trabalho é desenvolvido em pé ou sentado, se devemos deslocar objetos ou se eles devem estar necessariamente próximos. Enfim, depende do grupo muscular que é mais solicitado durante o trabalho. Nesse sentido, a antropometria nos auxilia a determinar partes do dimensionamento sendo então complementada pelos conhecimentos oriundos da biomecânica que vamos apresentar a seguir.

A biomecânica é um ramo da Bioengenharia e da Engenharia Biomédica, que usa conceitos da física para analisar o sistema biológico e fisiológico (NORDIN; FRANKEL, 2001).

Os princípios da estática, por exemplo, têm sido aplicados para analisar a magnitude e as forças envolvidas na estrutura do sistema músculo-esquelético: as articulações, os músculos (circulação sanguínea), os tendões e os ossos. Do mesmo modo, os princípios da dinâmica são utilizados na descrição dos movimentos, na análise das mudanças posturais, da marcha e dos movimentos de determinados segmentos do corpo (NORDIN; FRANKEL, 2001).

A compreensão das posturas que adotamos a fim de atender às exigências da tarefa passa pelo entendimento de que o nosso sistema músculo-esquelético está submetido a um conjunto de forças diversas, que envolvem, especialmente, os ossos, as articulações, os músculos, os tendões e os ligamentos.

> Toda atividade profissional solicita um trabalho muscular, necessário tanto para a manutenção de uma simples postura, quanto para a execução de gestos e movimentos de trabalho.

Essas forças devem possibilitar um arranjo harmônico entre os ligamentos, considerando os esforços musculares e o movimento (NORDIN; FRANKEL, 2001; CAILLIET, 2003).

Assim, para melhor entendimento da biomecânica do sistema músculo-esquelético é importante compreendermos alguns conceitos básicos da física que são utilizados para descrever a inter-relação entre a força e o movimento. Podem ocorrer alguns efeitos deletérios caso as forças que atuam nas áreas aumentem ou ultrapassem os limites fisiológicos possíveis para o desenvolvimento de nossas atividades. Sejam elas laborais ou da vida cotidiana, especialmente quando associadas ao esforço e ao tempo de exposição (JOUVENCEL, 1994; NORDIN; FRANKEL, 2001; KNOPLICH, 2002).

3.5 A força e o movimento

O corpo humano pode ser comparado a um sistema de alavancas ósseas unidas por articulações de diferentes tipos. São as articulações que permitem o posicionamento do corpo em diferentes ângulos. Todo o sistema é movido por contrações musculares que envolvem pelo menos dois músculos que trabalham antagonicamente. Quando um contrai, o outro se distende e tem como finalidade incrementar a força ou o movimento. Por exemplo, ao dobrar o braço sobre o cotovelo para fechar uma porta. A força é todo o evento capaz de provocar modificações no músculo, ou seja, causar uma contração. O momento de força é a medida de ação de uma força sobre o corpo (NORDIN; FRANKEL, 2001; CAILLIET, 2003).

As reações corporais à atividade muscular dependem da duração, frequência, tipo de contração muscular e a duração da recuperação.

Vamos retomar o exemplo ilustrativo do RI. Conforme proposto no início deste capítulo, o Setor da Cozinha Industrial servirá como exemplo das situações de trabalho dinâmico e estático, e como a postura pode se tornar uma fonte de constrangimento para os funcionários e para a execução da tarefa.

Na Cozinha Industrial (CI) trabalham 32 funcionários distribuídos em dois turnos. O primeiro se inicia às 8h e finaliza às 14h e o segundo turno começa às 14h e termina às 20h. A distribuição dos funcionários é feita por setor e por tarefa, na seguinte configuração:

Setor	Funcionários por turno
Fornos	2
Preparação de legumes e frutas	4
Corte de carnes	2
Cozimento de alimentos	2
Frituras	2
Distribuição de alimentos	2

O número de funcionários por setor nos dois turnos é igual a 28. Além disso, a CI conta com quatro funcionários com jornada intercalada que executam tarefas de preparação para que o trabalho nos setores possa ser executado.

Marcela, durante sua jornada de trabalho no Setor de Preparação de Legumes e Frutas, lava, desinfeta e corta frutas e verduras conforme as especificidades do cardápio do dia. Na prática, isso significa mais (ou menos) trabalho dependendo das características do corte (pedaços grandes ou pequenos), da verdura ou fruta (com ou sem casca). A estatura de Marcela é menor do que a de seus colegas, dificultando o alcance da bancada de corte e da torneira.

Para cortar os alimentos, ela realiza movimentos repetitivos durante, pelo menos, 3 horas em cada período do dia. As normas da organização preveem pausas durante a atividade, por poucos minutos, o que não é, segundo ela, suficiente para promover a recuperação muscular dos braços, antebraços e ombros. Além disso, ela reclama de dor na coluna vertebral, pois o trabalho é realizado em pé, defronte a bancada, sem a opção de variação postural durante o desenvolvimento da atividade. A partir deste relato, podemos identificar sérios indicadores com relação ao esforço muscular de Marcela e da postura que ela pode adotar.

Vejamos de que maneira o trabalho de Marcela pode nos ajudar a compreender os conceitos que vamos discutir nessa seção.

A atividade de Marcela quando movimenta os braços para lavar os legumes pode ser caracterizada como um esforço muscular dinâmico. O esforço muscular é dinâmico quando ocorre uma alternância rítmica de contração e de distensão, de tensão e de relaxamento. Este processo acontece porque o músculo tem seu tamanho alterado com relação aos seus pontos de inserção, que podem variar dependendo da força externa que ele tem que vencer (CAILLIET, 2003; JOUVENCEL, 1994; NORDIN; FRANKEL, 2001). Por exemplo, quando caminhamos a musculatura das pernas e das coxas realiza um esforço muscular dinâmico cuja força varia se caminhamos em um terreno plano ou acidentado.

Funções do músculo:

- Produzir movimentos;
- Manter postura e posições corporais;
- Estabilizar as articulações;
- Proteção de vísceras e órgãos internos;
- Controlar pressões nas cavidades corporais;
- Manter temperatura corporal;
- Controlar deglutição, defecação e micção.

O esforço muscular estático, ao contrário, requer um estado prolongado de contração do músculo, também chamado de contrações isométricas. Ele corresponde à aplicação de uma força para a manutenção de uma mesma postura. Neste caso, não há mudança no comprimento do músculo com relação a seus pontos de inserção, a irrigação sanguínea fica comprometida, dificultando o consumo local de oxigênio e a eliminação dos subprodutos do metabolismo. O acúmulo destes subprodutos acaba causando dor e fadiga muscular (JOUVENCEL, 1994; NORDIN; FRANKEL, 2001; CAILLIET, 2003).

> Para se manter bem e desempenhar o seu papel a contento, é importante que as pessoas possam sair dos postos de trabalho para poderem repousar, se recuperar com relação ao esforço despendido para se manter em atividade.

É bom lembrar que não se pode falar em imobilidade muscular total, pois, frequentemente, ocorrem pequenas contrações e relaxamentos dos músculos que trabalham contra a força da gravidade, que a olho nu são imperceptíveis. Portanto, não podemos afirmar que existe um trabalho muscular totalmente estático. No caso de Marcela, o esforço muscular estático acontece quando, para manter-se na posição de pé e alcançar a torneira, ela inclina o corpo para frente. Nesta situação, os seus músculos das pernas e os dorsais realizam um esforço estático. Essa postura é cansativa e dolorosa, em função do esforço muscular estático, que pode levar ao aumento da pressão hidrostática do sangue nas veias das pernas, ocasionando um acúmulo progressivo de líquido dos tecidos nas extremidades inferiores (KROEMER; GRANDJEAN, 2005).

 O movimento do nosso corpo se manifesta por uma mudança de postura e a troca da posição no espaço e no tempo, sob a influência de forças. Esta ação motora – os movimentos – é gerenciada pelo sistema nervoso, que determina o relaxamento e as contrações das fibras musculares, ação que é operacionalizada pelo sistema músculo-esquelético.

A força máxima que um músculo ou grupo muscular pode produzir é influenciada pelas propriedades mecânicas inerentes às fibras musculares, que dependem das relações musculares de comprimento-tensão, carga-velocidade, força-tempo e o arranjo dos componentes contráteis e elásticos da fibra muscular (quantidade de sarcômeros). Outros fatores, como a temperatura, a fadiga muscular e o pré-alongamento, podem afetar a produção das forças (NORDIN; FRANKEL, 2003; JOUVENCEL, 1994).

Em função destas propriedades, os movimentos podem ser realizados com precisão – **movimentos finos** – como os do relojoeiro. Os movimentos finos de maior precisão e sensibilidade envolvem músculos menores e mais fracos. Os movimentos **grosseiros** – como cortar uma tora de madeira – solicitam grandes grupos musculares, pois demandam mais força do que precisão ou sensibilidade.

Por vezes, torna-se difícil distinguir com clareza os esforços estáticos e dinâmicos; uma mesma atividade pode envolver tanto esforços estáticos quanto dinâmicos. O trabalho muscular estático, mesmo moderado, pode causar fadiga, levando muitas vezes a dores musculares persistentes, e por vezes aos processos inflamatórios nos tecidos sobrecarregados. Cabe destacar, que os esforços excessivos e repetitivos, tanto estáticos quanto dinâmicos, por um tempo prolongado, podem ocasionar microtraumas resultando em comprometimento de articulações, tendões e ligamentos (NORDIN; FRANKEL, 2003; JOUVENCEL, 1994; KROEMER; GRANDJEAN, 2005). Estes microtraumas são abordados na literatura como distúrbio por trauma cumulativo; distúrbio por sobreuso; Lesões por Esforços Repetitivos (LER) e Doença Ocupacional Relacionada ao Trabalho (DORT).

Nas atividades de trabalho, em especial naquelas que envolvem grande quantidade de movimentos, é importante que se considere a associação de diferentes fatores. As propriedades intrínsecas das fibras musculares, bem como os fatores externos relacionados à temperatura, à carga/peso, ao tempo, enfim, àqueles que podem solicitar maior esforço no desenvolvimento da atividade.

A fim de apreender as exigências do trabalho, é importante que tenhamos a compreensão, de um lado, da flexibilidade e coordenação do sistema músculo-esquelético e, de outro, do tipo de exigência envolvida na atividade.

3.6 As posturas na atividade de trabalho

As posturas assumidas pelos trabalhadores nas diferentes atividades é um dos indicadores que possibilitam a compreensão da relação exigência-atividade. Elas constituem uma dimensão importante para nos ajudar a reconhecer e prevenir problemas de saúde relacionados ao trabalho, assim como na concepção de postos de trabalho e de instrumentos compatíveis com as tarefas e as capacidades humanas, associando o conforto, a segurança, o bem-estar e a produtividade.

A postura adotada pelas pessoas resulta da forma possível de dispor o corpo no espaço. A primeira limitação deve-se à própria estrutura do corpo; apesar da sua grande flexibilidade, há limites e, sobretudo, esses limites são muito mais restritos quando se fala em conforto.

As articulações permitem o posicionamento dos segmentos do corpo em vários ângulos, mas sempre há aqueles mais confortáveis, pois não dificultam a circulação sanguínea e não provocam estiramentos das estruturas músculo-tendinosas, a exemplo daquelas que possibilitam a contração e o relaxamento das fibras musculares em uma sequência rítmica. A compreensão da disposição dos segmentos corporais no espaço ajuda a explicar alguns problemas de saúde ligados ao trabalho.

As posturas mais confortáveis também são aquelas que não impõem um esforço constante de luta contra a gravidade. A extensão dos braços sem apoio, obriga grupos musculares a permanecerem sob tensão, exigindo um esforço estático que é caracterizado por um estado de contração prolongada da musculatura.

Assim, quando se analisa o trabalho, a principal questão não está apenas no que o nosso corpo possibilita, mas, sim, nos tipos de exigência resultantes da organização dos postos de trabalho, dos equipamentos e das ferramentas a serem utilizadas.

Além disso, não podemos nos esquecer do papel do ritmo de trabalho. Quanto mais acelerado o ritmo de trabalho, maior é a contração da musculatura, logo maior é a rigidez postural. Tarefas que exigem muita atenção e foco em pontos restritos no espaço, como trabalhar com máquinas de costura, com a montagem de equipamentos pequenos e com a utilização de computadores, durante períodos prolongados, também exigem a manutenção de posturas fixas, rígidas.

As posturas desconfortáveis como, por exemplo, a que Marcela é obrigada a adotar para realizar o seu trabalho, por causa de um posto de trabalho que não considera a variabilidade dos indivíduos, podem estar na origem das suas queixas de dores. A exigência de desviar os punhos para a direita ou para a esquerda, manter ombros elevados, cotovelo suspensos, pode causar sobrecarga nas estruturas músculo-esqueléticas dos membros superiores, ombros e pescoço. Isso pode acarretar dores e lesões. A imobilidade e a rigidez postural podem ser consequências do ritmo, das ferramentas e do arranjo físico do posto de trabalho.

Em uma ação ergonômica é fundamental, portanto, analisar as posturas exigidas e as possíveis variações ao longo de determinada atividade de trabalho. Muitas vezes, o trabalhador adota posturas estereotipadas em função da composição do espaço de trabalho (configuração, equipamentos, iluminação, ventilação...).

3.7 O trabalho muscular

A postura assumida pela Marcela é caracterizada por um estado de contração prolongada da musculatura. O esforço de contração dos músculos da região lombar de Marcela, quando ela mantém os segmentos corporais arranjados em pé defronte da bancada para cortar os legumes, sem a opção de variação postural, é um trabalho estático.

Nas situações em que o trabalho é estático, o músculo produz maior força no início do movimento de contração, quando ele ainda está descontraído. Após certo período de contração muscular, o retorno a um estado de relaxamento é necessário para a recuperação das fibras musculares, comprometidas pelo esforço para não causar danos à circulação sanguínea.

As posturas adotadas são aquelas possíveis, determinadas pelas:

- Exigências das tarefas; e
- Características do corpo.

Nas situações em que o trabalho é dinâmico, os movimentos predominam e os gestos são visíveis e resultam de uma sequência rítmica de contração e extensão das fibras musculares. Este movimento que é característico do trabalho muscular dinâmico, contrariamente ao trabalho muscular estático, não dificulta a irrigação nem a nutrição das fibras musculares (KNOPLICH, 2002; CAILLIET, 2003).

A tarefa que Marcela realiza também requer uma postura fixa dos braços que é agravada pela diferença entre a sua estatura, a altura da bancada e a largura da pia. Ao realizar os movimentos para limpar os alimentos, os seus braços ficam estendidos para alcançar o jato de água corrente da torneira, forçando a musculatura dos ombros. A manutenção dessa posição por período prolongado pode comprometer a circulação sanguínea e deixar os músculos em tensão constante, além de estirar as estruturas da articulação dos ombros podendo ocasionar lesões e dores.

> Se a organização dos tempos de trabalho não possibilita pausas periódicas, a fadiga muscular poderá instalar-se. Esse processo de fadiga ocorre, muitas vezes, pela dificuldade de irrigação e nutrição das fibras musculares.

Raramente alguém mantém uma postura, seja ela qual for, por longos períodos, quando tem liberdade para mudar de postura e para se movimentar. A fisiologia humana impõe modificações de posturas que acontecem mesmo ao dormir. A manutenção de uma postura rígida rapidamente pode causar desconforto e dores.

Por exemplo, a postura de Marcela durante a execução da tarefa de lavar e desinfetar verduras e frutas pode ser desconfortável pela inadequação da altura da pia e da bancada com relação às medidas do seu corpo.

Mesmo utilizando um apoio para compensar essa relação – subindo em um engradado de plástico –, ela se inclina para frente a fim de alcançar a torneira e lavar os alimentos acondicionados na pia. Essa inclinação modifica o eixo de equilíbrio da coluna vertebral (vértebras, discos e articulações) e obriga um grupo de músculos a se contrair a fim de manter o seu corpo sustentado na mesma posição, possibilitando que ela realize a sua tarefa sem cair. A coluna participa de todos os movimentos de deslocamento do corpo (KNOPLICH, 2002).

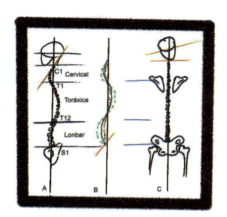

A inclinação provoca uma acentuação na curvatura fisiológica da coluna vertebral, podendo ocasionar uma agressão indireta sobre o disco e estiramento da musculatura, vasos sanguíneos e raízes nervosas da coluna vertebral, quanto maior for a inclinação do corpo para frente, maior é o momento de força que deverá ser suportado pelo seu corpo. Essa inclinação aumenta a pressão intradiscal (KNOPLICH, 2002; CAILLIET, 2003; JOUVENCEL, 1994).

 A coluna vertebral é o centro de suporte do organismo humano, é o eixo e o centro de gravidade do corpo que tem como principais funções:

- A sustentação do organismo;

- A movimentação do corpo e a sua proteção.

Como a atividade exige a manutenção dessa posição durante muito tempo, Marcela começa a ter sensação de desconforto e dor, em decorrência da pressão contínua nos discos intervertebrais que compromete a sua nutrição e ao trabalho estático da musculatura, a fim de manter o corpo projetado para frente.

Considerando o que foi explicado até agora, o conceito de postura correta não faz mais sentido. Existem posturas mais confortáveis, mais neutras para as articulações e que podem ser mantidas por mais tempo do que aquelas que são desconfortáveis, que dificultam a circulação sanguínea e que provocam fadiga mais rapidamente.

A fadiga muscular:

 A fadiga muscular significa o ponto em que um trabalho ou tarefa específica não pode mais ser realizada com a mesma intensidade.

Assim, as posturas que exigem uma grande amplitude nos ângulos entre os segmentos corporais forçam as articulações, provocam estiramentos e compressões de ligamentos e tendões (KNOPLICH, 2002; IIDA, 2005).

Situações críticas:

- Aquelas que envolvem o trabalho estático da musculatura (posição parada por período longo);

- O trabalho que exige muita força muscular (movimento de puxar com força);

- O trabalho que envolve movimento de inclinação e rotação do tronco; estiramento excessivo da coluna para colocar objetos em locais altos, podem produzir consequências adversas para o homem.

O trabalho estático da musculatura, a exigência de força, movimentos de inclinação e rotação do tronco são aspectos a serem observados, especialmente quando a situação de trabalho envolve o manuseio e transporte de carga. Por exemplo, quanto maior é a inclinação do corpo para frente e maior a carga sustentada pelas extremidades superiores, maior será a pressão intradiscal, pois o esforço é transferido para a coluna vertebral. Daí, a importância da adoção de uma postura confortável, com forças incidindo na direção do eixo vertical, nas situações de transporte e levantamento de carga. Evidentemente outros fatores devem ser associados, tais como: variabilidade dos seres humanos; características da carga; esforço físico exigido; características do espaço de trabalho; e exigências da atividade (JOUVENCEL, 1994; IIDA, 2005).

3.8 Transporte de cargas e força

O transporte e levantamento de cargas são sempre problemáticos e vários aspectos devem ser considerados. Em primeiro lugar, devemos evitar ao máximo que essas atividades sejam desenvolvidas sem auxílio mecânico. A legislação brasileira possui normas para transporte e manuseio de cargas. Em tais normas recomenda-se como limite máximo de 60 kg e o levantamento individual é fixado em 40 kg; cabe destacar que a norma referencia a carga-limite. Esses limites são muito elevados e estão sendo revistos. No Congresso Nacional existe um projeto propondo que a carga máxima permitida se limite a 20 kg.

As normas que regulam o transporte e manuseio de cargas individuais, na legislação brasileira, são as NRs 5, 17 e 18. A NR 17 trata dos parâmetros ergonômicos para as situações de trabalho. Esta norma caracteriza o transporte manual de carga como todo o transporte no qual o peso da carga é sustentado por um só trabalhador, compreendendo o transporte e o manuseio da carga. Entretanto, ela não estabelece os parâmetros mínimos para o levantamento, transporte e manuseio de cargas individuais. Outras NRs tratam desse assunto.

A NR 18 regulamenta o trabalho na indústria da construção civil e trata do manuseio de cargas nesta atividade de trabalho. A NR 5, que trata da constituição de Comissão de Prevenção de Acidentes, destaca os principais riscos do trabalho, dentre eles, o manuseio e transporte de cargas.

O *National Institute for Ocupacional Safety and Health* (NIOSH – para mais informações, acesse *www.cdc.gov/niosh/homepage.html*) dos Estados Unidos faz algumas recomendações para o transporte e manuseio de cargas.

No transporte de cargas deve-se considerar:

- A distância horizontal em relação ao corpo;
- A frequência do levantamento;
- O trajeto a ser percorrido;
- A altura da carga a ser levantada;
- O levantamento assimétrico; e
- O tipo de pega do objeto.

Além destes parâmetros, o NIOSH recomenda o limite máximo de 23 kg para o levantamento de cargas individuais, mesmo em condições favoráveis. De acordo com Kroemer e Grandjean (2005, p. 109), "nenhum limite é adequado para todos, por causa das diferenças de idade, treinamento, forma do objeto, localização, repetitividade e outras circunstâncias".

Lembremos que o peso não é tudo. Importa considerar o formato do objeto, a facilidade da pega, a distância com o centro de gravidade do corpo humano (coluna vertebral).

- Variabilidade dos seres humanos – capacidade física; treinamento; gênero; idade;
- Características da carga – peso; tamanho; simetria (forma); localização;
- Esforço físico – exigência de movimentos de torção; pega; tempo;
- Espaço de trabalho – espaço livre; características do piso, iluminação;
- Exigência da atividade – deslocamento; ritmo; frequência; precisão.

No manuseio e transporte de carga, as forças têm especial incidência no segmento lombar da coluna vertebral. Muitas vezes, a atividade gera risco para a integridade das estruturas (JOUVENCEL, 1994; KNOPLICH, 2002; CAILLIET, 2003).

As forças de compressão exercidas sobre o segmento lombar da coluna variam em relação direta com o peso que levantamos em determinado momento e com a distância da carga em relação ao eixo perpendicular do nosso corpo, ou seja, com o grau de inclinação da coluna no decorrer do levantamento da carga.

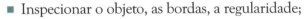

Por isso, visando reduzir estas forças, devemos tomar alguns cuidados:

- Inspecionar o objeto, as bordas, a regularidade;
- Decidir a partir da forma, do peso, tamanho e localização, o ponto ou os pontos de pega;
- Eliminar os objetos que se interponham no trajeto a seguir durante o transporte da carga;
- Ter uma representação correta do destino da carga;
- Posicionar colocando os pés de forma a possibilitar uma base de sustentação para a manutenção do equilíbrio do corpo;
- Dobrar os joelhos e não a coluna;
- Colocar ao máximo o objeto próximo ao centro do corpo;
- Levantar o peso gradualmente, sem movimentos bruscos;
- Evitar girar o tronco; e
- Colocar a carga, quando possível, em superfície que se aproxime da altura dos cotovelos.

As atividades que demandam grande esforço físico são denominadas trabalho pesado, a exemplo do transporte e manuseio de cargas. Estas atividades têm como características o alto consumo de energia e maior exigência do sistema circulatório e respiratório, o que impõe limites para o desenvolvimento deste tipo de atividade.

Nesta perspectiva, o estabelecimento de pausas durante a realização do trabalho tem um papel importante, pois elas têm a função de equilibrar a biomecânica do organismo. Segundo a NR 17, nas atividades que exigem sobrecarga dos membros superiores e da coluna vertebral devem ser organizadas pausas extras.

O transporte e manuseio de cargas devem ser compreendidos como uma atividade física dinâmica diretamente relacionada com as posturas corporais e com o consumo energético. As posturas assumidas nestas atividades podem contribuir para o risco de lesão muscular, especialmente em função do esforço excessivo.

O sistema músculo-esquelético permite a nossa movimentação, isto ocorre graças à capacidade de contração e relaxamento das fibras musculares. Os músculos são considerados o motor de propulsão do nosso corpo; para desempenhar esta função, eles convertem energia química, retirada dos alimentos, em força mecânica.

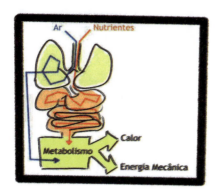

O conjunto dos processos de conversão de energia química é chamado de metabolismo. Esse processo consiste na ingestão dos alimentos, na sua degradação progressiva nos intestinos, na absorção e transporte dos nutrientes pelo sangue, na sua transformação em energia e no transporte dos subprodutos (a água, o dióxido de carbono e o calor). Cabe destacar que o organismo humano, para manter os processos vitais em atividade, consome energia mesmo em repouso; este consumo é denominado metabolismo basal (KROEMER; GRANDJEAN, 2005; LLANEZA ALVAREZ, 2005).

O consumo de energia produzido como consequência do trabalho é denominado metabolismo do trabalho e consiste na transformação de energia química proveniente dos alimentos em energia mecânica e térmica. Esse consumo energético ocorre pela liberação de calor e energia mecânica, e depende da atividade muscular realizada, da postura, das condições de temperatura do ambiente, dentre outros fatores.

Ao longo deste capítulo, discutimos as principais dimensões do corpo humano em funcionamento solicitadas para a realização do trabalho. A compreensão da relação entre o organismo humano e as características do ambiente de trabalho e da tarefa a ser executada nos dará suporte para o desenho de espaços de trabalho que favoreçam a saúde e o sistema produtivo.

A seguir, emprestaremos os conceitos discutidos até agora para buscar soluções a serem implementadas nos espaços de trabalho.

4
Espaços de trabalho

4.1 Introdução

Em ergonomia, o espaço de trabalho constitui uma dimensão importante de análise pelo número de variáveis envolvidas e a interdependência entre elas. Um espaço de trabalho adequado às características dos trabalhadores aumenta a segurança dos homens/mulheres e equipamentos, a probabilidade de melhoria da produção, bem como favorece o conforto e o bem-estar. Considerar o espaço de trabalho, ou melhor, os locais onde os trabalhadores desenvolvem as suas atividades é importante para compreender diferentes aspectos do trabalho como:

- As posturas possíveis;
- As dificuldades em obter certas informações;
- As necessidades de deslocamento;
- Certas estratégias operacionais, entre outras variáveis.

A compreensão da relação dos trabalhadores com o espaço é fundamental para a (re)concepção dos postos, dos locais e do ambiente.

Como já vimos nos capítulos precedentes, a questão do espaço de trabalho sempre esteve presente nas demandas e nas abordagens da ergonomia. Conceitos relativos a essa questão foram, e são, tratados isoladamente ou integrados com outras variáveis do trabalho. A necessidade de integrar organização do espaço com as dimensões humanas, com os ritmos biológicos, com a fadiga pode ajudar a explicar o desconforto, as doenças e os insucessos.

Neste capítulo, utilizaremos um estudo de caso como fio condutor na apresentação dos conceitos, mostrando como eles podem ser aplicados. Discutiremos, também, os espaços de trabalho, ora retomando os conceitos já apresentados, ora sugerindo novos elementos determinantes para a sua compreensão e análise.

Inicialmente, apresentaremos uma situação de trabalho com uso de computadores e a partir dela discutiremos as relações do espaço com a antropometria, e a relação entre alguns elementos ambientais importantes como a iluminação, o ruído e a temperatura com a fisiologia e os processos perceptivos humanos.

Um hipermercado geralmente é associado ao seu primeiro objetivo: vender produtos de diferentes naturezas, desde gêneros alimentícios até eletrodomésticos. É comum, ao pensar no trabalho de uma organização como essa, que as pessoas geralmente se lembrem do caixa, dos organizadores de prateleiras, dos promotores, do pessoal da limpeza, ou seja, de todos os que lidam diretamente com o cliente/consumidor. No entanto, para que essa organização obtenha sucesso, um conjunto de funcionários executa tarefas de suporte direto e indireto ao atendimento aos clientes, como contabilistas, programadores/analistas de sistemas, administradores, psicólogos organizacionais, dentre outros.

Maria é uma dessas funcionárias e trabalha como analista de sistemas. Seu papel é criar e aprimorar novos aplicativos para controlar o estoque, identificar relações e padrões de consumo, desencadear processos de compras. Ela criou um programa que permitiu mapear hábitos de consumo como, por exemplo: pessoas de uma determinada faixa etária costumam, ao comprar fraldas descartáveis, levar também cervejas, principalmente nos finais de semana.

Seu trabalho tem contribuído para que, ao planejarem promoções, os gerentes possam definir a organização das seções e prateleiras de maneira a induzir a compra desses produtos conjuntamente. Apesar de não ser visível para o público, seu trabalho é muito importante na relação direta consumidor–hipermercado.

Maria e suas colegas chegam ao trabalho às 8h e saem às 18h. Há um plantão das 18h até às 24h, para garantir que caso o sistema informatizado apresente algum problema tenha alguém para assegurar a manutenção. Quem está escalado para o plantão, folga no dia seguinte.

O ambiente de trabalho de Maria assemelha-se a um escritório comum. Nele existem postos de trabalho onde estão colocados computadores, impressoras, mesas para reunião da equipe (veja croqui do espaço de trabalho).

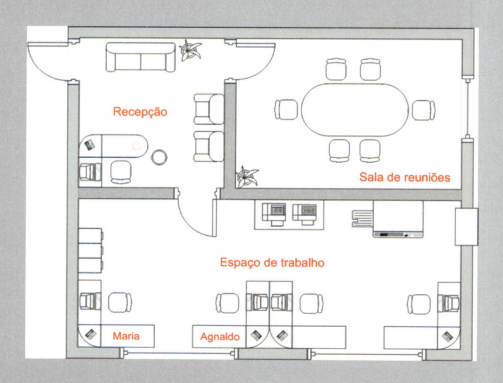

Apesar dos acessórios para ajudar a reduzir o desconforto, como teclados de boa qualidade, apoio para pés, mouse e, inclusive, mesa e cadeiras ajustáveis, nesse setor, há queixas generalizadas, tais como dores na coluna, cefaléia, problemas de vista, fadiga no final do dia, formigamento nas pernas e inchaço nos pés. Para compreendermos a origem dessas queixas (DEMANDA), vamos saber um pouco mais sobre postos de trabalho onde se usam computadores.

4.2 CONCEPÇÃO DE ESPAÇOS DE TRABALHO

A natureza de qualquer trabalho traz consigo exigências que podem ser consideradas como específicas e outras que podem ser generalizadas. Consideramos que as atividades de trabalho envolvem:

a) A pessoa que age;

b) Os instrumentos ou ferramentas mediadores – o computador, por exemplo;

c) As condições do ambiente;

d) A organização dos tempos, a divisão das tarefas, as relações hierárquicas, as relações interpessoais; e

e) A tarefa a ser desempenhada.

Na definição dos parâmetros para a concepção de espaços de trabalho, apoiamo-nos nos seguintes princípios:

- Toda atividade de trabalho é orientada para a execução de uma tarefa inscrita num contexto temporal e organizacional;

- O trabalhador utiliza meios materiais, tais como: equipamentos, instrumentos e mobiliário na realização de uma tarefa. No decorrer do seu trabalho, ele trata informações orientado pelos objetivos da organização e por outros objetivos que ele elabora na medida em que age;

- O ser humano é confrontado a situações de trabalho onde deve articular respostas simultâneas:
  a) Às exigências da tarefa (determinantes externos); e
  b) Às suas necessidades e características (determinantes internos).

A postura adotada resulta de um compromisso entre o sujeito e o que ele deve fazer. Muitas vezes esse compromisso é construído em detrimento da sua saúde.

A construção de soluções articula ao menos três dimensões. A primeira refere-se aos mobiliários, aos equipamentos e ferramentas; a segunda, ao conteúdo; e a terceira, à organização do trabalho.

Os pressupostos subjacentes ao desenvolvimento do mobiliário são formulados de maneira a adequar a configuração do posto de trabalho à natureza da atividade e às características do organismo humano (ABRAHÃO; ASSUNÇÃO, 2002). A situação de trabalho é considerada na sua singularidade, o que implica caracterizar cada tarefa na sua natureza e conteúdo particular, levando-se em conta as exigências de tempo e de qualidade.

> Se, por um lado, o trabalhador é confrontado às características da tarefa, por outro, não podemos esquecer as características dos sujeitos que a executa, com suas capacidades, seus limites, suas estratégias e suas reações às exigências do trabalho.

Ao compatibilizar a configuração dos postos de trabalho com as características antropométricas e biomecânicas dos sujeitos, uma das primeiras dimensões visíveis é a postura, isto é, a organização dos diferentes segmentos corporais no espaço.

> A postura não tem somente a função de manter o equilíbrio do corpo, ela é também um elemento fundamental da atividade de trabalho. Ela é dinâmica. Resulta de um compromisso entre as necessidades da ação, das características das pessoas e de suas condições durante o decorrer da atividade.

Fatores que influenciam as posturas:

Condições internas ao sujeito:

- Sexo, idade;
- Tamanho, peso;
- Estado de saúde;
- Condicionamento físico;
- Envelhecimento.

Condições externas ao sujeito:

- Tipo de tarefa;
- Condições ambientais;
- Condições materiais;
- Condições instrumentais.

Retomemos o trabalho de Maria. A sua postura resulta:

a) Da natureza das tarefas (criar um programa de computador; checar os dados no sistema; atender à requisição de algum setor sobre o sistema informatizado). Por exemplo, ao tentar solucionar uma emergência durante seu plantão noturno, é possível identificar o aumento da tensão muscular relacionada com o tempo que vai passando, com a pressão da gerência para colocar o sistema em operação o quanto antes. Essa situação leva ao enrijecimento da musculatura, criando um círculo vicioso. A musculatura fica mais rígida e o problema do sistema tem que ser resolvido. É possível relaxar depois? Se o mobiliário for inadequado, as condições são ainda mais favoráveis para o aparecimento de dores que podem se tornar crônicas.

Atividade postural no trabalho garante:

- **Adaptação sensório-motora;**
- **Suporte para ação;**
- **Adaptação fina dos gestos;**
- **Coordenação dos movimentos;**
- **Apoio para atividades perceptivas.**

b) Das condições ambientais, como é o caso da iluminação que tem um papel importante para o conforto. A localização das fontes luminosas e da tela do computador pode criar reflexos que dificultam a leitura. Como consequência, Maria precisa adotar posturas desconfortáveis que prejudicam o equilíbrio entre os segmentos do seu corpo.

c) Do mobiliário. Por exemplo, a mesa e a cadeira que ela usa são ajustáveis. No entanto, como o intervalo de ajuste da altura do plano do monitor não permite uma adequação ao seu corpo, pois ela é alta e é obrigada a flexionar o seu tronco por longos períodos. Considerando que durante a sua jornada de trabalho ela passa a maior parte do tempo trabalhando com o computador, as suas dores podem estar associadas ao mobiliário e às posturas que ela é obrigada a assumir.

Os estudos sobre as posturas são importantes pois:

- Exprimem a relação do sujeito com a situação de trabalho;
- Servem de indicadores do tratamento de informações espaciais que estruturam as atividades motoras;
- Fornecem pistas da atividade mental;
- Expressam um componente da carga de trabalho;
- Podem produzir efeitos negativos para o bem-estar dos sujeitos.

No capítulo anterior, aprendemos que o músculo produz maior força no início do movimento de contração, quando ele ainda está descontraído. Após um período prolongado de contração muscular, o retorno a um estado de relaxamento, necessário à recuperação das fibras musculares, é relativamente lento. Se a organização do trabalho não permite pausas periódicas, a fadiga muscular poderá se instaurar em razão da dificuldade para a circulação sanguínea das fibras musculares. Essa condição é agravada pela tensão causada pela pressão temporal, pois o organismo fica impossibilitado de se recuperar.

Em momentos mais difíceis do seu trabalho, quando precisa prestar muita atenção ou quando precisa captar informações na tela que estão mal-apresentadas, ela tende a se curvar para aproximar o olho da tela do computador, forçando a musculatura das regiões cervical e lombar, e reduzindo o piscar dos olhos. Essa postura mantida ao longo da jornada de trabalho pode aumentar sua fadiga que se expressa, muitas vezes, por desconforto e dores em partes diferentes do corpo. Além disso, ao manter os olhos fixos na tela, aumenta o risco de fadiga visual, de secura dos olhos e de dores de cabeça. Essa situação contribui para gerar/aumentar a sua ansiedade, seu descontentamento e causar, também, problemas no seu desempenho.

A concepção de um posto de trabalho deve contemplar:

- Atividade;
- Postura;
- Vestuário;
- Características antropométricas;
- Campos de ação e de visão;
- Equipamentos;
- Usabilidade dos acionamentos.

Estudos epidemiológicos têm demonstrado que estas posturas, muitas vezes, estão na origem das inflamações e/ou degenerações dos tecidos músculo-esqueléticos provocando dor e até incapacidade para o trabalho (ABRAHÃO; ASSUNÇÃO, 2002).

O projeto de mobiliário é um determinante importante para o conforto no trabalho, mas ele não é o único. É necessário, mas não suficiente.

4.3 Parâmetros para mobiliário

Para transformar o posto de trabalho de Maria, iniciaremos pela compreensão de suas atividades e as exigências que a condicionam. Com base nessas informações, selecionamos os critérios a serem contemplados na transformação do trabalho (GUÉRIN; LAVILLE; DANIELLOU; DURAFFOURG; KERGUELEN, 2001), bem como a definição dos parâmetros do mobiliário.

A seguir vamos apresentar os critérios adotados para a definição dos espaços de trabalho com ênfase no trabalho em escritório, situações nas quais há uso intensivo de computadores. Para tanto, vamos considerar:

- Os dados antropométricos;
- A configuração dos postos de trabalho;
- O assento;
- As telas do monitor;
- Os aspectos fisiológico-perceptivos e os espaços de trabalho.

4.3.1 Dados antropométricos

A Antropometria tem como objeto de estudo as mensurações do corpo humano. Por esta via é possível definir os dados de referência para o dimensionamento e a organização de um posto de trabalho.

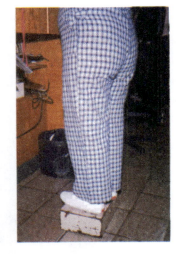

4.3.2 Dimensões do corpo humano

Geralmente, os projetos de posto de trabalho não são adaptados à diversidade antropométrica de uma população. Acomodar com conforto 90% das pessoas é um objetivo considerado adequado em ergonomia, o que requer ajustes e possibilidades de mudanças no arranjo físico desses locais. Adequá-los a 100% da população é, muitas vezes, considerado como um objetivo irrealista. Entretanto, cada vez mais, devemos enfrentar desafios para projetar postos de trabalhos "adequáveis". Isso fica mais evidente quando se considera a concepção de locais de trabalho adequados a trabalhadores com necessidades especiais.

Nos projetos de produto, adotamos como referência os dados antropométricos representativos das menores medidas encontradas (percentil 5 para as mulheres) e aqueles representativos das maiores medidas encontradas na população (percentil 95 para os homens). Ficam excluídos, 10% da população, aqueles que têm "medidas extremas" (as 5% maiores e as 5% menores). Assim, um posto de trabalho, mesmo excluindo os dois percentis extremos, estará adequado para 90% das pessoas cujas medidas encontram-se neste intervalo (GRANDJEAN, 1998).

Com base nesses dados, o posto deve permitir que a Maria, cuja altura é de 1,80 m, possa regulá-lo adequando às suas dimensões corporais, mas também permite que seu colega de 1,60 m de altura possa ajustá-lo às suas características.

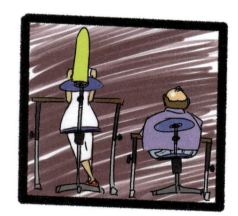

4.3.3 As zonas de alcance

A organização dos espaços de trabalho é, antes de tudo, uma questão de volume ou de linearidade dos objetos de trabalho, além da impressão subjetiva de ordem ou desordem (DEJEAN e cols., 1988). A sua organização depende, sobretudo, da natureza da atividade de trabalho e da acessibilidade aos objetos, se o trabalho é realizado em pé ou sentado. Dentre os critérios a serem considerados, a acessibilidade aos objetos é fundamental.

Exemplo de Zona de Alcance Máxima.

A facilidade de acesso varia em função:

- Das exigências da atividade;
- Do volume ou peso dos documentos ou dos objetos;
- Da disposição dos equipamentos e comandos no espaço;
- Da posição sentada e em pé; e
- Da variabilidade antropométrica.

Na posição sentada, a altura de alcance varia sensivelmente entre 50 e 150 cm a partir do solo. Na posição em pé, ela se situa na Zona de Alcance Máxima de 190 cm e 170 cm para as pessoas de pequena dimensão (ABRAHÃO; ASSUNÇÃO, 2002). Esses valores são dimensões limites indicados na literatura. Sugerimos que antes de definir as zonas de alcance sejam identificadas as características da população de usuários.

Nesta perspectiva, os espaços de trabalho ao serem planejados devem contemplar as Zonas de Alcance, a variedade das medidas antropométricas da população de usuários e o acesso das mãos aos planos horizontal e vertical considerando as exigências da tarefa e o conforto postural.

Para se ter uma ideia das Zonas de Alcance Ótima e Máxima do trabalho de Maria, compare as suas ilustrações.

São no interior dessas Zonas de Alcance que devem ser dispostos, segundo suas inter-relações, os suportes e equipamentos de trabalho, de acordo com a frequência de utilização e a sua importância para a execução do trabalho. Por exemplo, no trabalho de Maria, o mouse, o teclado e um pequeno caderno onde ela anota informações que considera importantes ficam na Zona Ótima. Existe, ainda, um manual de utilização do programa de computador que é consultado apenas ocasionalmente, em caso de dúvidas. Este documento poderia ser alocado na Zona Máxima de alcance, ou até mais longe, pois é pouco usado. As Zonas de Alcance devem manter estreita relação com os ângulos de visão determinados para o trabalho com terminais de computador e com a amplitude dos movimentos das articulações.

Assim, para um trabalho em *posição sentada* é importante que tenhamos clareza da definição de zona de alcance ótima e de alcance máxima. A zona de alcance ótima é definida girando os antebraços em torno dos cotovelos. Esses movimentos formam arcos em um raio entre 35 e 40 cm. A área central formada pela interseção dos dois arcos constitui a zona de alcance ótima.

A zona de alcance máxima, por sua vez, é definida girando os braços estendidos em torno do ombro formando arcos que variam entre 55 e 65 cm.

Apesar de parecer óbvio, a ideia de que os elementos mais importantes ou de uso mais frequente na execução do trabalho devam ser colocados mais próximos do usuário, muitas vezes, o arranjo físico do posto de trabalho não é concebido dessa maneira. É importante que a pessoa tenha a liberdade de mudar a disposição dos objetos e equipamentos para obter maior conforto, se sentir mais à vontade e, também, personalizar o espaço. Evidentemente há limites. Mas, os principais problemas resultam da concepção rígida do posto de trabalho, em que a pessoa fica impedida de ajustar o seu local de trabalho às suas necessidades e características. Lembremos que esse processo é dinâmico, as necessidades e as vontades podem variar ao longo do tempo. Portanto, quanto mais a pessoa é livre para alterar a configuração, melhor se apresenta a condição de conforto. Entretanto, é importante que esses conceitos de conforto estejam ao "alcance" de todos para permitir que a pessoa tenha a liberdade de buscar um arranjo físico mais conveniente e menos prejudicial à saúde.

4.4 Configuração dos postos de trabalho

A configuração dos postos está relacionada a diferentes características que o compõem. Acompanhamos aquelas sugeridas por Abrahão e Assunção (2002):

- Plano de trabalho;
- Profundidade;
- Altura;
- Largura frontal;
- Espaço para membros inferiores;
- Apoio para pés; e
- Suporte para documentos.

4.4.1 O plano de trabalho

As dimensões e configurações de postos de trabalho devem atender às exigências decorrentes dos equipamentos, instrumentos e de todos os componentes. Ainda atender também às exigências da atividade de trabalho, respeitando os critérios delimitados pela Zona de Alcance e os de campo visual (PANERO; ZELNIK, 1989).

> Quando o posto de trabalho não contempla essas exigências pode comprometer a saúde do trabalhador e afetar o seu desempenho.

Exigências da tarefa

- Equipamentos
- Materiais
- Documentos
...

Características do público-alvo

- Dimensões
- Extensão dos membros
- Peso
...

Posto de Trabalho

Eficiência e Eficácia do Trabalho

Saúde do Trabalhador e da Organização

4.4.2 Profundidade

A profundidade do plano de trabalho é muito importante, pois dependendo dos equipamentos que o trabalhador precisa usar há o risco de não haver espaço para que ele possa se acomodar de maneira conveniente. É comum encontrarmos situações nas quais, por falta de espaço, não seja possível apoiar os cotovelos no plano de trabalho. Essa falta de apoio é um fator importante para a gênese de desconforto e de dores, pois a pessoa é obrigada a buscar outros pontos de apoio, como o braço da cadeira, o que é inadequado. O apoio para o antebraço nas cadeiras serve para descanso. Em outras situações o membro superior fica sem apoio, aumentando a carga da musculatura do ombro, da coluna cervical e da parte superior do tronco.

Ao usar computadores é importante haver espaço suficiente para que a pessoa tenha liberdade para ajustar a distância entre o olho e a tela, o posicionamento do teclado, do mouse, dos papéis e documentos e de outros equipamentos que ela venha a utilizar.

É importante, também, ter muito cuidado com os planos de trabalho fracionados. Esse tipo de concepção pode acarretar áreas de desnivelamento que podem inclusive provocar machucados/lesões. Existem mesas para computadores em que o monitor é posicionado em um plano separado, com ajuste diferente. Isso é possível, mas deve-se planejar as dimensões que permitam à pessoa colocar o monitor a uma distância adequada dos seus olhos (50 a 70 cm). Como regra geral, podemos considerar que a profundidade do monitor deve ser acrescida ao plano de trabalho. Se considerarmos a distância olho-tela, a zona de conforto ótimo, os equipamentos como mouse e os documentos, deve-se projetar os planos de trabalho com profundidade próxima de 110 ou 120 cm. Quando usamos telas finas, como as de LCD, podemos diminuir aproximadamente 40 cm, voltando às medidas mais tradicionais de 70 a 80 cm de profundidade. Não podemos esquecer que os cantos devem ser arredondados e que uma reentrância côncava na frente do abdômen pode ser bastante interessante para aumentar o conforto.

4.4.3 Altura

O plano de digitação deve estar alinhado com a altura dos cotovelos. Nesta altura é possível assegurar a digitação com punho em posição mais confortável, evitando compressões e estiramento das estruturas articulares. Portanto, ele deve ser ajustável e os mecanismos de ajustes devem permitir que essa operação seja realizada com facilidade.

As mesas de trabalho de Maria e de seu colega Agnaldo devem possuir mecanismos de regulagem que permitam configurar o posto de trabalho para ambos considerando as suas dimensões antropométricas.

4.4.4 Largura frontal

A largura frontal é determinada a partir das Zonas de Alcance, da disposição dos equipamentos e, mais particularmente, pelos suportes exigidos simultaneamente para a realização da atividade.

4.4.5 Espaço para os membros inferiores

O plano de trabalho deve assegurar espaço para os membros inferiores e a sua configuração, possibilitar o deslocamento das pernas de uma extremidade à outra do plano e, ainda, a extensão destas.

A composição do mobiliário pode também possibilitar a associação de vários módulos, sem obstáculos intermediários, na parte frontal e ao mesmo tempo garantir a estabilidade do módulo.

Recomenda-se um espaçamento mínimo de 40 cm de profundidade e de 70 cm ao nível dos pés.

4.4.6 Apoio para os pés

O apoio de pés não deve ser usado para períodos prolongados. Trata-se de um acessório que pode ser útil para que a pessoa varie um pouco a sua postura, para que possa descansar um pouco. Os planos de trabalho devem ter ajustes suficientes para permitir que a maioria da população possa sentar com os pés apoiados no chão. Caso o posto de trabalho não permita, deve ser trocado ou reformado. Lembremos que tanto o plano de trabalho quanto as cadeiras devem ser ajustáveis.

Assegurar o apoio dos pés no chão evita problemas circulatórios, sobretudo aqueles relacionados com as varizes, pois facilita o retorno do sangue acumulado nos membros inferiores para o coração. Lembremos que toda postura fica desconfortável se for mantida por longos períodos, é importante permitir que a pessoa possa realizar pequenos movimentos mesmo sentada, mudar o posicionamento dos pés, dos braços do tronco. Entretanto, o melhor mesmo é poder se levantar quando quiser e sentir necessidade.

4.4.7 Suporte para documentos

O processo de leitura e análise de documento pode exigir movimentos do corpo, aliados à necessidade constante de mudança e ajuste do foco visual. Quando a atividade de trabalho solicita constante mudança de objetos a serem focalizados no curso destas atividades, é importante que a distância entre estes objetos e os olhos seja de igual comprimento e que esteja posicionado de maneira a evitar movimentos constantes da cabeça e da coluna. Movimentar-se é importante, entretanto ser obrigado a fazer movimentos de rotação da coluna para ler um documento e digitar é inadequado.

> **O ideal é manter os documentos e o monitor no mesmo ângulo de visão, formando um cone de aproximadamente 30 graus, minimizando a solicitação dos mecanismos visuais.**

A mudança de foco solicita os músculos ciliares e oculares para garantir os mecanismos da acomodação visual e o da convergência ocular. Realizado com frequência pode aumentar a fadiga, e com o avançar da idade esse processo é mais lento e cansativo.

A acomodação visual – adaptação dos olhos a cada distância focal – e a convergência ocular – direção de cada olho para o mesmo foco gerando uma imagem única na retina – são mecanismos importantes a serem considerados na análise da atividade de trabalho quando se pretende evitar a fadiga visual: dor ocular, cefaléia, tonteira, cansaço visual (DESNOYERS; LE BORGNE, D., 1982).

4.5 Assento

A posição sentada pode ser confortável se forem respeitadas as necessidades do corpo, principalmente no que diz respeito à circulação de sangue, à necessidade de evitar contrações musculares excessivas e prolongadas, à necessidade de manter as estruturas articulares sem compressões e estiramentos. Nesse contexto, o assento tem um papel importante. Ao sentar-se, os apoios principais são os pés, as nádegas e a coluna lombar. O assento deve ser concebido de maneira a evitar a compressão da parte posterior das coxas e a permitir apoio adequado para as nádegas. A parte das nádegas mais propícias para o apoio são as tuberosidades isquiáticas, pois abaixo dessa estrutura óssea não há passagem de vasos sanguíneos importantes, havendo praticamente só gordura e pele.

A definição do assento deve considerar:

- As pressões sobre os discos intervertebrais;

- A nutrição destes discos;

- A tensão imposta à musculatura dorsal; e

- O retorno sanguíneo proveniente dos membros inferiores.

Os discos intervertebrais são uma espécie de amortecedores entre as vértebras. O posto de trabalho deve levar a uma repartição regular da pressão do peso do corpo sobre o disco intervertebral. Em posição sentada, se o tronco está inclinado para trás (com a inclinação do encosto da cadeira em torno de 110 graus, em relação ao assento), a carga imposta aos discos intervertebrais é a mais fraca.

Em posição sentada, a distribuição da pressão do peso corporal se dá na coluna lombar, nádegas e pernas. Se a pressão incide, principalmente, sobre as tuberosidades isquiáticas, a carga sobre os discos diminui. Um estofamento e/ou o ajuste adequado da altura da cadeira favorecem essa distribuição.

Assentos com estofamentos muito duros ou muito macios não proporcionam um suporte adequado ao peso corporal. Um assento com estofamento intermediário pode levar à redução da pressão máxima e ao aumento da área de contato das nádegas e das pernas, possibilitando: maior estabilidade ao corpo, melhor circulação sanguínea e a diminuição do desconforto e da fadiga.

O material usado para revestir o assento deve propiciar a dissipação do calor e da umidade gerados pelo corpo, não sendo recomendável a utilização de materiais de textura plástica, lisa e impermeável.

Na posição sentada, a musculatura dorsal deve permanecer o menos tensa possível. Essa condição é obtida, quando o tronco encontra-se ligeiramente inclinado para frente, ou então, ligeiramente inclinada para trás. No entanto, esta posição pode provocar um relaxamento importante da musculatura ventral, o que não é desejável, pois provoca flacidez da musculatura. Deve-se igualmente evitar o aumento da pressão sobre os órgãos localizados na cavidade abdominal. É o que acontece quando a posição sentada se dá com o tronco fortemente inclinado para frente. Na região posterior dos joelhos (região poplítea), a pressão ocasionada pela postura sentada deve ser fraca para não perturbar a circulação sanguínea e facilitar o retorno do sangue dos membros inferiores para o coração.

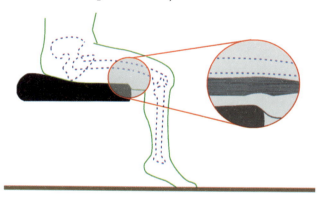

Como Maria adota essa postura durante longos períodos da sua jornada, possivelmente a sua queixa de dor lombar possa ser associada a essa condição. Levando-se em conta essas duas possibilidades, recomenda-se uma modificação periódica da tensão sobre os músculos ventrais, o que pode ser obtido por meio da variação postural. A possibilidade desta variação permite, também, modificações frequentes das condições de pressão entre o interior e o ambiente externo dos discos intervertebrais, e facilita a circulação sanguínea.

O encosto confortável proporciona uma leve flutuação e flexibilidade ao movimento. É necessário assegurar a regulagem da inclinação e a altura do encosto para os apoios adequados à coluna lombar.

É importante destacar que, mesmo que Maria queira seguir fielmente as recomendações que apresentamos sobre a postura sentada, se ela passar várias horas em uma só posição ela agredirá sua coluna e a musculatura dorsal e abdominal. Ela deveria promover pausas no seu trabalho e realizar uma variação postural, levantando ou realizando movimentos que ajudem a alongar, a relaxar, enfim, a compensar o tempo que a sua musculatura ficou contraída para se manter sentada.

Nessa perspectiva, fica evidente o quanto é complexo definir uma postura ideal. Poderíamos afirmar que a melhor postura é a dinâmica, ou seja, a que permite o máximo de variação.

A possibilidade de variação postural constitui, então, a solução mais adequada para qualquer atividade humana.

4.6 Telas do monitor

O posicionamento das telas também deve ser variável, uma vez que as pessoas têm alturas e características visuais diferentes. É importante evitar que a parte superior da tela esteja situada acima da linha dos olhos, assim como ela não deve se situar muito abaixo dessa linha. Essas sugestões estão associadas ao posicionamento da cabeça com relação à coluna cervical. Lembremos que, como consequência da distribuição dos pesos da cabeça, uma referência seria posicionar a cabeça ligeiramente flexionada para frente (em torno de 10 graus). A distância olho-tela pode variar entre 50 e 70 cm. Ela pode ser ainda maior se aumentarmos o tamanho dos caracteres e dos desenhos nas telas. Os documentos e os formulários, quando situados na mesma altura e no mesmo ângulo da tela, minimizam os esforços visuais.

Os ajustes de altura e de distância são possíveis na medida em que há profundidade suficiente no plano de trabalho. Ele deve ser ajustável em altura e também possibilitar ajustes na altura do próprio monitor. Os monitores mais modernos, tipo LCD, permitem ajustes de altura e de angulação.

Sugerimos telas cuja luminância dos caracteres seja facilmente regulável, disponibilizando uma ampla gama de intensidade. Os sistemas de ajuste devem, preferencialmente, ser dissociados: um para a luminância dos caracteres e outro para a luminância do fundo da tela. O ajuste da luminosidade da tela do vídeo facilita a leitura, diminuindo, assim, os esforços visuais.

Portanto, os aparelhos reguláveis em altura, inclinação, rotação favorecem o seu deslocamento sobre o plano de trabalho e oferecem maior conforto ao trabalhador.

Maria poderia, dependendo do horário do dia, da quantidade de luz natural, da luminosidade e da posição das lâmpadas, regular a luminância dos caracteres promovendo melhor contraste figura-fundo e reduzindo o impacto e a fadiga natural do dia de trabalho.

→ O ofuscamento favorece a fadiga visual, assim recomenda-se que o posicionamento da tela não esteja voltado para qualquer fonte luminosa, especialmente, quando colocados de frente para uma janela desprotegida.

Exemplo de ajuste correto da altura do monitor e da relação monitor-luminosidade.

Exemplo de ajuste incorreto da altura do monitor e da relação monitor-luminosidade.

4.7 Aspectos fisiológico-perceptivos

Além da natureza da tarefa, da organização do trabalho, do mobiliário, dos equipamentos, outros componentes dos espaços de trabalho podem influenciar diretamente na segurança, no conforto e na produtividade: a qualidade da iluminação ambiente, a quantidade de ruído e a temperatura/ventilação.

Por exemplo, muitas vezes a flexão cervical acentuada (figura da pessoa chegando a cabeça perto do computador) pode ser associada à tentativa do trabalhador de evitar o reflexo da tela do computador, e/ou compensar a baixa luminosidade do ambiente. O local de implantação das fontes luminosas é importante para evitar posturas desconfortáveis.

No capítulo sobre cognição no trabalho, veremos que o trabalho humano, independentemente da sua natureza, exige das pessoas uma série de operações mentais, incluindo a captura voluntária (ou não) de informações no ambiente, a sua interpretação segundo os seus conhecimentos e habilidades do processo decisório do que fazer, ou não fazer, naquela ocasião específica.

Vamos imaginar que Maria esteja desenvolvendo um novo módulo para o programa que ela e seus colegas criaram para o supermercado. Ela necessita de diferentes recursos como livros sobre uma linguagem de programação específica, discutir com alguns colegas, consultar sites etc. O ambiente pode prover as condições necessárias para que ela discuta com seu colega, ou pode ser muito ruidoso perturbando a comunicação. Da mesma forma, a iluminação pode estar posicionada favorecendo a consulta de seus livros, ou ser muito clara (ou escura), dificultando a ação. Ou, ainda, pode ser muito frio ou quente, dificultando a concentração na tarefa. Em todos esses casos os fatores ambientais, ou do espaço de trabalho, influenciam diretamente a qualidade do desenvolvimento da atividade. Essa influência pode ser minimizada se tais constrangimentos forem considerados e incorporados nas mudanças sugeridas para a melhoria do seu espaço de trabalho.

Dito de outra forma, esse processo depende estreitamente das condições que o ambiente proporciona, ou seja, do quanto o espaço de trabalho facilita a apreensão das informações ou a busca por novos dados. O sistema sensorial é a porta de entrada da informação para o sistema nervoso central, no qual se efetuam as operações de tratamento de informação e de memorização, e a partir da qual são geradas ordens de comando aos músculos, por exemplo: falar, realizar um gesto, movimentar os olhos, acionar um dispositivo, dentre outros. Esse sistema sensorial é  composto por órgãos receptores de estímulos que são o alicerce dos nossos sentidos: audição, visão, olfato, paladar, tato, cinestesia (movimento) e equilíbrio.

Alguns autores consideram o equilíbrio e o movimento como sendo sentidos humanos relacionados ao tato. No entanto, adotamos a formulação de Herculano-Houzel (2002), segundo a qual os cinco sentidos melhor conhecidos estão voltados aos sinais que vêm de fora do corpo enquanto o equilíbrio e o movimento estão associados aos sinais do próprio corpo. Por essa razão, devemos entendê-los como sentidos à parte, embora relacionados aos demais.

Os estímulos que excitam um dos sentidos como, por exemplo, a audição, podem evocar um conjunto de representações mentais que influenciam a relação entre a pessoa e o ambiente, definindo, em última instância, como os outros estímulos serão captados e interpretados. Apresentaremos os sentidos mais solicitados em situações de trabalho, e sua relevância para compreender a relação ser humano–trabalho.

4.7.1 Audição, som e ruído

Muitas vezes, como parte da demanda, o ergonomista é solicitado a tratar a questão dos estímulos sonoros como um dos determinantes das condições de trabalho. Quando desenvolvemos uma ação ergonômica que envolve este tipo de demanda devemos atentar para dois princípios.

O primeiro é que é necessário proteger as pessoas dos efeitos deletérios do ruído, um som desagradável que atrapalha ou impede a ação (IIDA, 2005). Infelizmente, ainda há muitos trabalhadores expostos a ruídos excessivos que causam surdez profissional e outros problemas para a saúde. Não é a toa que, até bem pouco tempo, uma das doenças ligadas ao trabalho mais prevalentes era a perda auditiva, desde as pouco perceptíveis até aquelas nas quais o trabalhador está praticamente surdo.

O segundo diz respeito à necessidade de identificar pelo menos duas dimensões do ruído: enquanto **fonte de informações significativas** e o quanto o ruído pode **dificultar** a percepção das informações significativas para o trabalhador. Um ruído de impacto pode, por exemplo, confundir a tal ponto a percepção, que desvie a atenção da pessoa sobre a tarefa podendo gerar um acidente. Portanto, antes de iniciar qualquer ação nas fontes de ruído é necessário que identifiquemos qual o seu significado para o trabalhador.

Existe um exemplo clássico deste tipo de situação em ergonomia: uma gráfica solicitou que fosse eliminado o ruído de uma guilhotina industrial. Para tanto, os técnicos de manutenção procederam aos ajustes necessários durante um final de semana. Na segunda-feira, ao operar a máquina como usualmente fazia, o trabalhador sofreu um acidente e teve os dedos amputados. Após uma investigação, constatou-se que o ruído eliminado fornecia indicadores relevantes para o trabalhador sobre o acionamento e proximidade da lâmina. Nesse caso, o trabalhador perdeu informações significativas sobre o funcionamento da máquina que eram transmitidas pelo ruído.

Para entendermos melhor o efeito do ruído sobre a atividade de trabalho, vamos conhecer como funciona a audição humana, sua fisiologia, suas características e os seus limites. Só assim poderemos compreender sua relação com as condições de trabalho.

4.7.1.1 Sistema auditivo

De maneira geral a dinâmica da audição se inicia quando as ondas sonoras alcançam o ouvido, e o tímpano é acionado vibrando de acordo com a frequência do som. Essas vibrações são transmitidas pelos ossículos do ouvido médio (estribo, martelo e bigorna) para a cóclea. No interior da cóclea existe uma membrana (basilar) composta de fibras ("cordas") transversais que percebem uma frequência específica. As vibrações da membrana são maiores na "corda" que está afinada com uma determinada frequência produzindo um efeito de ressonância. Existem células ciliares sensíveis incrustadas na membrana. Quando os cílios se inclinam durante o deslocamento da membrana, ocorre a liberação de uma substância química eletricamente carregada, que é recolhida por uma fibra nervosa que conduz esse impulso nervoso para o cérebro. No caso de muitos sons simultâneos durante o estímulo sonoro, cada som produzirá deslocamento da membrana no seu lugar característico (GAZZANIGA; HEATHERTON, 2005).

O sistema auditivo pode ser dividido em três partes (GRANDJEAN, 1998):

- **Ouvido Externo:** composto pelo Pavilhão Auricular, o Conduto Auditivo Externo e o Tímpano;

- **Ouvido Médio:** composto por três ossículos (Martelo, Bigorna e Estribo), Janela Oval e Trompa de Eustáquio;

- **Ouvido Interno:** formado pela Cóclea e Canais Semicirculares.

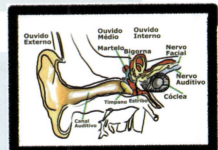

 Apesar da complexidade desse processo, não ouvimos com o nosso ouvido: ouvimos com o cérebro. O ouvido simplesmente converte ondas sonoras (vibrações) em impulsos nervosos: a linguagem do cérebro.

A audição humana é medida em unidades de ondas (frequência) sonoras por segundo, expressa em Hertz (Hz) e se situam na faixa entre 20 Hz e 20.000 Hz. Os sons de baixa frequência (abaixo de 1.000 Hz) são considerados graves e de alta frequência (acima de 3.000 Hz), agudos (IIDA, 2005).

A **intensidade sonora** é definida a partir da potência do som por unidade de área, expressa em decibéis (dB). Essa medida é logarítmica, o que significa que a pressão sonora duplica a cada aumento de 3 dB, dito de outra forma, uma elevação de 10 dB corresponde a uma pressão 100 vezes maior. Nós percebemos os sons situados na faixa entre 20 e 140 dB, situando-se a fala humana, em geral, no intervalo entre 60 e 100 dB. Acima de 120 dB aparece uma sensação de desconforto e acima de 140 dB sentimos dor.

Quando um estímulo auditivo suplanta a intensidade de outro reduzindo sua acuidade, ocorre o fenômeno que chamamos de Mascaramento. Quanto mais fontes sonoras, maior a sua probabilidade de ocorrência, já que temos tendência a elevar o volume do som que consideramos mais relevante. Admitimos para o período diurno níveis mais elevados nas residências e escritórios. O ideal seria que não ultrapassem 50 dB.

Who (1980) mostra que para diminuir a monotonia e pressionar o operário a produzir mais as empresas criam ambientes com níveis sonoros iguais ou superiores a 55 dB. A mesma estratégia é adotada pelos supermercados para estimular o cliente a comprar.

Algumas situações produzem níveis elevados de ruídos provocando vários efeitos negativos não somente para a saúde das pessoas, mas também para o desempenho do trabalhador. A figura ao lado apresenta os níveis de ruído produzidos por objetos e contextos distintos.

Retomemos o exemplo de Maria: o desenvolvimento da atividade de programador solicita atenção concentrada dado o processo de redação das linhas de código.

Uma inserção errada pode impedir o funcionamento do sistema ou comprometer a confiabilidade das suas informações. Tal processo demanda um grau de atenção elevado, em decorrência da necessidade de recuperar ativamente informações imprescindíveis, tais como a linguagem de computador utilizada, os objetivos que levaram a criar o programa, suas características, dentre outras.

Ao lado de Maria trabalha Agnaldo, que tem o costume de escutar notícias em seu rádio enquanto trabalha. Nas palavras de Agnaldo, *é bom manter-se informado... e o som de fundo me ajuda a concentrar*". Nesse dia, Maria reclamou alegando que a conversa dos locutores atrapalhava sua concentração, mesmo o volume do rádio permanecendo baixo. Segundo Maria, ela não se lembra adequadamente dos códigos que deve digitar e até digitou uma palavra que o locutor havia dito.

Nesse caso, a locução se tornou um ruído significativo, pois comprometeu o trabalho ao trazer informações nada pertinentes à sua execução. Outro tipo de som também poderia comprometer sua produção, como por exemplo, se tivessem reformando a sala ao lado. Neste caso, o barulho de furadeiras e marteladas poderia dificultar a sua concentração. Contudo, a fala humana tem um efeito diferenciado já que as palavras possuem um significado e sua associação semântica ocorre sem o nosso controle. Dessa forma, quando o locutor diz uma palavra, a probabilidade que Maria a interprete (mesmo involuntária e/ou inconscientemente) é bem maior que a de outro som qualquer.

O ruído, no caso de Maria, pode ser entendido como uma sensação sonora desagradável. Mas, encontramos muitas situações em que o ruído pode provocar diversos tipos de distúrbios no organismo ou lesões no aparelho auditivo do indivíduo exposto.

Grandjean (1998) define o ruído como um fenômeno físico vibratório de um meio elástico, audível com características indefinidas de pressão, e frequência desarmonicamente misturadas entre si.

Os ruídos podem ser:

- **Contínuos:** ruídos com pequenas variações dos níveis – até + 3 dB;

- **Intermitentes:** ruídos cujo nível varia continuamente de um valor apreciável durante um período de observação – superior a + 3 dB;

- **Impulsivos ou de impacto:** ruídos que se apresentam em picos de energia acústica de duração inferior a um segundo.

Não podemos esquecer que um ruído pode ser um indicador preciso sobre o estado do sistema de produção. Ele pode indicar se uma máquina está funcionando a contento, a aproximação de um veículo, logo não seria mais um ruído, mas uma informação sonora útil para o desenvolvimento das ações no trabalho. No caso de Maria, um som de campainha no computador pode estar associado a uma mensagem informando que ela realizou alguma ação errada e alertando-a para correção.

Considerando as duas propriedades das ondas sonoras com relação ao trabalho e às condições ambientais, o ergonomista, ao adequar o ambiente, deve:

- Reduzir a pressão sonora para níveis que não coloquem em risco a audição;
- Garantir que a informação sonora possa ser obtida uma vez que não haverá ruído que a mascare;
- Facilitar o entendimento da comunicação por via oral – a fala dos colegas, os avisos feitos por meio de alto-falantes;
- Permitir a detecção de alarmes;
- Facilitar a atenção;
- Reduzir a fadiga decorrente do excesso de estímulo sonoro.

Agora que entendemos globalmente como funciona o sistema auditivo humano e sua relação com o processo de trabalho, vamos apresentar alguns problemas relacionados à exposição ao ruído.

4.7.1.2 Problemas de saúde associados à exposição ao ruído

A exposição constante ao ruído pode estar relacionada a um quadro de cefaléia leve, sensação de ouvido cheio, fadiga e tontura. A continuidade da exposição por vários anos poderá apresentar perda auditiva e, progressivamente, influenciar a vida social das pessoas. Podem ocorrer vertigens, náuseas, vômitos, sudorese e até incapacidade de locomoção.

Os sons muito elevados provocam:
- Fadiga auditiva;
- Deterioração do aparelho auditivo;
- Degeneração progressiva das células.

 A destruição é irreversível, não se pode reparar ou substituir as células auditivas destruídas.

Após a exposição prolongada ao ruído intenso, o indivíduo não consegue escutar mesmo se retirando daquele ambiente. Este fenômeno é explicado pela "fadiga" das células que foram estimuladas por muito tempo, exaurindo assim a sua capacidade de captar a onda sonora, ficando menos sensíveis ao ruído.

Os danos provocados pelo ruído são sistêmicos. Ao chegar ao Sistema Nervoso Central, outras áreas do corpo humano são ativadas produzindo efeitos não desejáveis. Até ruídos menos intensos, mas contínuos, como por exemplo, o ruído do motor de uma máquina de polimento ou de um alicate pneumático, pode constituir uma fonte de irritação para o trabalhador. Quanto menor o ruído, melhor! Isso vale não apenas para as tarefas consideradas como de "grande concentração", mas para todo e qualquer trabalho. Entretanto, alguns tipos de trabalho, nos quais é necessário que a pessoa fique muito concentrada e que exija muita reflexão, a realização da atividade se torna praticamente impossível se houver interrupções em razão de ruído. Neste caso, quanto mais próximo de um "clima de biblioteca", melhor.

Os ruídos externos resultantes do trânsito ou de outras fontes independentes da própria tarefa, tais como telefone, música, rádio, potencializam o ruído ambiente. Esse tipo de situação atrapalha e pode exacerbar a irritação do trabalhador.

As lesões do ouvido provocadas pelo ruído podem ser:

- **Agudas – ruptura do tímpano;**
- **Crônicas – surdez progressiva.**

A surdez progressiva resulta da exposição crônica ao ruído elevado, e depende da intensidade e do tempo de exposição. Geralmente, o indivíduo não percebe o início da perda auditiva, até que haja um comprometimento mais extenso do ouvido interno, quando só então ele se dá conta de sua dificuldade para ouvir. As perdas auditivas de origem profissional vão se instaurando aos poucos. Elas atingem primeiramente as faixas de 6.000, 4.000, 3.000 Hz; posteriormente se agrava atingindo as faixas de 8.000, 2.000, 1.000, 500 e 250 Hz. A maior perda ocorre em 4.000 Hz (FLEIG, 2004).

Além destes efeitos no aparelho auditivo, o ruído intenso pode provocar uma série de distúrbios extra-auditivos, tais como: distúrbios neuropsíquicos, redução da capacidade de coordenação motora, insônia e distúrbios do comportamento, do humor, do equilíbrio, da atividade suprarrenal, da visão e do sistema cardiovascular.

Os efeitos extra-auditivos do ruído podem manifestar-se por meio de uma resposta de alarme, caracterizada por:

- Aumento da frequência cardíaca;
- Aumento da frequência respiratória;
- Aumento da pressão arterial;
- Aumento da vasodilatação cerebral;
- Aumento da secreção e motilidade gástrica;
- Aumento da sudorese cutânea;
- Redução da secreção salivar; e
- Dilatação das pupilas.

Vimos como o ruído pode interferir na atividade de Maria, ou como o ruído pode afetar a saúde em atividades de outra natureza.

Além da audição, utilizamos outros órgãos do sentido para obter informações e realizar nosso trabalho, entre eles, a visão que será apresentada na próxima seção.

4.7.2 Visão humana e exigências visuais

É quase impossível realizar a análise ou o projeto da iluminação de um espaço de trabalho sem que compreendamos, um pouco, como funciona a nossa visão. Iniciaremos a seção apresentando resumidamente a fisiologia da visão humana, sua estrutura e seus limites para depois discutirmos as questões relativas à iluminação.

4.7.2.1 A visão humana

A visão é o sentido mais importante que temos na vida diária e no trabalho (IIDA, 2005). O olho humano capta informações do meio ambiente transformando-as em sinais que são interpretados pelo cérebro permitindo a percepção da visão.

Os olhos requerem um tempo, da ordem de alguns segundos até um minuto, para se adequar a diferentes situações ambientais (como quantidade de luz e distância entre objetos).

O olho é uma esfera cheia de líquido revestido por uma membrana que é composta por diferentes elementos, como podemos ver na figura ao lado.

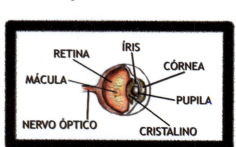

- **Córnea:** É transparente, situada na parte anterior do olho, transmite e foca a luz para dentro do olho.
- **Íris:** Responsável pela coloração dos olhos. A íris ajuda a regular a quantidade de luz que entra no olho.
- **Pupila:** Região central e escura da íris. O diâmetro da pupila determina a quantidade de luz que entra no olho. O tamanho da pupila varia de acordo com a quantidade de luz no ambiente.
- **Cristalino:** Lente transparente dentro do olho, que ajuda a focalizar a luz para dentro do olho, mais especificamente na retina.
- **Esclera:** É a parte branca que reveste o olho.
- **Retina:** É um tecido do sistema nervoso que está situado na parte posterior do olho. A retina percebe a luz e produz estímulos que são transmitidos através do nervo óptico até o cérebro.
- **Fóvea Central:** É uma região pequena da retina, que contém células especiais sensíveis à luz. É responsável pela percepção de detalhes finos da visão.
- **Nervo Óptico:** Responsável por conectar o olho ao cérebro. O nervo transporta os impulsos formados pela retina até o cérebro, que interpreta as imagens.
- **Mácula:** Área situada na parte posterior do olho que nos permite enxergar os objetos com clareza.
- **Humor Vítreo:** É claro e transparente, parecido com uma gelatina, preenche o conteúdo do olho.

Quando olhamos para um objeto, os raios luminosos por ele refletidos penetram em nossa córnea e atravessam o humor aquoso, o cristalino e o corpo vítreo, chegando à retina, onde se forma uma imagem invertida do objeto. Não percebemos a imagem de cabeça para baixo porque o cérebro humano "aprendeu" a interpretar corretamente o que estamos vendo, traduzindo para a posição correta. A pupila, nesse mecanismo, se dilata ou se contrai para adequar a quantidade de luz que entra no olho. Ela é controlada pela íris, que se afina para objetos distantes e engrossa para objetos próximos. A adequação do cristalino em função da distância do objeto é chamada de efeito de acomodação (GAZZANIGA; HEATHERTON, 2005).

Na retina se encontram os cones (cerca de 100 milhões) e os bastonetes (102 milhões). Os **cones** se localizam na fóvea central da mácula e são responsáveis pela visão em cores. Os **bastonetes** se localizam nas laterais da retina e são responsáveis pela visão em preto e branco e pela visão noturna, por isso são mais sensíveis à luz do que os cones (IIDA, 2005).

➡ **A luz visível são ondas que variam de 400 a 700 nanômetros de comprimento.**

Quando a iluminação não é intensa, apenas os bastonetes são estimulados, reduzindo a visão aos tons de cinza. Quando a luz é mais intensa, a visão é realizada pelos cones, que captam os detalhes e as cores dos objetos. A percepção de cores ocorre quando a luz (solar ou artificial) incide sobre um objeto, por exemplo, uma rosa, em que a maior parte das frequências de cores da luz é absorvida, com exceção de uma (ex.: vermelha), que retorna ao nosso olho dando a percepção de uma rosa vermelha. Quando não existe absorção de cor, percebemos a cor branca. A cor preta aparece quando todas as cores são absorvidas, deixando de refletir qualquer cor.

As informações captadas pelos cones e bastonetes são enviadas ao córtex por um conjunto de células da retina, cujos axônios formam um feixe denominado nervo óptico. No ponto em que o nervo óptico sai da retina é formado um ponto cego decorrente da ausência tanto de cones quanto de bastonetes. Podemos ter noção desse ponto olhando para a figura abaixo. Feche o olho esquerdo e fixe a cruz com o olho direito, mova a cabeça para frente e para trás e você verá que o círculo preto desaparece, ficando no ponto cego.

Fonte: http://omnis.if.ufrj.br/~coelho/DI/olho.html em 12/12/05.

Cada olho vê um pouco diferente do outro. Essa diferença permite enxergarmos os objetos em três dimensões, embora as imagens formadas na retina sejam planas. O cérebro calcula as diferenças entre as imagens e as torna uma única imagem tridimensional. Além de dar a sensação de profundidade, a visão binocular também contribui para a sensação de brilho que temos ao olhar para objetos polidos (GAZZANIGA; HEATHERTON, 2005).

Apesar de ser um recurso importante em nossas vidas, permitindo que captemos informações que nos ajudam a realizar muitas das nossas atividades, por vezes, nossa visão pode falhar ou nos dar informações erradas em razão da sua estrutura e do funcionamento cognitivo humano. Por exemplo, observe a placa abaixo:

Fonte: http://omnis.if.ufrj.br/~coelho/DI/olho.html em 12/12/05.

Nossa tendência é ler a frase "Não pare na pista". No entanto, na placa está escrito a palavra "NA" duas vezes, isso porque temos tendência a ver a placa como um todo e compreender seu significado, em vez de analisar palavra por palavra. Essa tendência é explicada pelos princípios da Gestalt.

Fonte: GAZZANIGA; HEATHERTON, 2005.

Na figura acima, embora não exista nada entre o cruzamento dos quadrados negros, temos a sensação de ver pontos cinza nas interseções que não olhamos diretamente, ou seja, quando usamos nossa visão periférica. Gazzaniga e Heatherton explicam que nesse caso os receptores que codificam as informações das linhas brancas são inibidos pelos vizinhos dos dois lados e os receptores que codificam as informações das interseções são inibidos dos quatro lados, respondendo de forma mais suave, dando a impressão que as interseções são mais escuras.

4.7.2.2 Iluminação de postos de trabalho

A iluminação em ambientes de trabalho deve ser compatível com as exigências das tarefas e com as características da visão humana. Quando introduzimos esse princípio na definição dos postos de trabalho reduzimos o risco de acidentes, a probabilidade de erros e, possivelmente, aumentamos a produtividade.

Apesar da sua importância óbvia, a aparente simplicidade do tema pode levar a uma conclusão falaciosa sobre a melhor forma de dispor as fontes de luz ou como melhor aproveitar os recursos naturais. A quantidade de iluminação necessária ao trabalho resulta da articulação da acuidade visual e das exigências da tarefa de forma a evitar o excesso ou a falta de luz. Tais condições extremas podem causar fadiga visual e reduzir a qualidade do trabalho. É nessa perspectiva que foram criadas as Normas Regulamentadoras pelo Ministério do Trabalho e do Emprego. Nós temos uma norma específica voltada para questões ligadas à ergonomia, que é a NR 17, que, com relação à iluminação, determina:

- Em todos os locais de trabalho deve haver iluminação adequada, natural ou artificial, geral ou suplementar, apropriada à natureza da atividade.
- A iluminação geral deve ser uniformemente distribuída e difusa.
- A iluminação geral ou suplementar deve ser projetada e instalada de forma a evitar ofuscamento, reflexos incômodos, sombras e contrastes excessivos.
- Os níveis mínimos de iluminamento a serem observados nos locais de trabalho são os valores de iluminâncias estabelecidos na NBR 5413, norma brasileira registrada no Inmetro (117.027-9/I2).

NÍVEIS DE ILUMINÂNCIA PARA INTERIORES (NBR 5413)	
AMBIENTE OU TRABALHO	LUX
Sala de espera	100
Garagem, residência, restaurante	150
Depósito, indústria (comum)	200
Sala de aula	300
Lojas, laboratórios, escritórios	500
Sala de desenho (alta precisão)	1.000
Serviços de muito alta precisão	2.000

- A medição dos níveis de iluminamento previstos no subitem 17.5.3.3 deve ser feita no campo de trabalho onde se realiza a tarefa, utilizando-se luxímetro com fotocélula corrigida para a sensibilidade do olho humano e em função do ângulo de incidência (117.028-7/I2).
- Quando não puder ser definido o campo de trabalho previsto no subitem 17.5.3.4, este será um plano horizontal a 75 cm do piso.

Os níveis de iluminância descritos na tabela são os definidos pela NBR, entretanto, ao se comparar com normas e recomendações de outros países, constata-se que há uma enorme variação na intensidade, em lux, proposta. Por exemplo, para escritórios encontramos variações entre 500 e 1.600 lux.

 A percepção visual depende do nível de iluminância que é a quantidade de luz que incide sobre um plano de trabalho ou um objeto, entretanto, aquilo que vemos depende da luz que é refletida e incide na nossa retina.

Devemos também ficar atentos a outros aspectos com relação à iluminação nos espaços de trabalho:

- Além da iluminação geral, algumas atividades exigem uma iluminação mais pontual na mesa de trabalho, como o trabalho de um relojoeiro ou de um lapidador de jóias.
- A luz natural deve ser controlada tanto no que se refere ao excesso quanto à necessidade de complementá-la, conforme o caso, com a iluminação artificial.
- A necessidade de iluminação pode variar ao longo do dia e da tarefa executada.
- A incidência de luz natural ou artificial sobre o monitor causa ofuscamento e prejudica a distinção dos caracteres.
- O excesso de iluminação pode prejudicar o desempenho.

 O aparelho usado para medir a iluminância é o luxímetro como o instrumento digital portátil, com tela de cristal líquido (LCD), que realiza medidas da iluminação ambiente em lux na faixa de 1 lux a 50.000 lux.

Além dessa medida, que nos indica a quantidade de luz que incide sobre uma superfície, é importante considerar também a quantidade de luz que é refletida ou emitida por uma superfície (luminância). A luminância é medida por um instrumento conhecido como fotômetro. A luz refletida depende das características das superfícies (paredes, móveis, monitores), isto é, da cor e da quantidade de luz que é absorvida e da parte que é refletida (reflectância).

Isso não é tudo; ao analisar o conforto ambiental com relação à iluminação devemos considerar também:

- A incidência de luz solar e sua variação ao longo do dia e das estações do ano;
- A disposição das luminárias;
- O tipo de luz artificial;
- As possibilidades de mudar os ângulos de incidência da luz oriunda das diferentes fontes;
- O contraste entre a luz incidente diretamente sobre a área de trabalho e a luz de fundo;
- A possibilidade de controlar a incidência de luz solar por meio do uso de persianas, cortinas ou outros equipamentos;
- A identificação da existência de equipamentos que emitem luz forte de maneira constante ou eventual que podem atrapalhar a visão;

- A verificação se o iluminamento é suficiente para reduzir o risco de fadiga visual e de acidentes.

> **Outro aspecto importante a ser considerado é a variabilidade humana:**
>
> - Quanto mais idosa a pessoa, maior a necessidade de iluminamento;
> - A questão da acomodação visual frequente e seus efeitos;
> - A acuidade visual varia entre os indivíduos e influi de maneira significativa na capacidade de detectar a informação.

A fadiga visual é um fenômeno comum e é favorecida pela má qualidade da iluminação e, sobretudo, pela necessidade de manter os olhos acomodados para a visão de perto por períodos prolongados.

No caso de uso de telas de equipamentos informatizados, é importante ainda considerar a questão da iluminação e as possibilidades de distinção da informação. Como distinguir os caracteres em uma tela de computador? Eles são estáveis, há cintilação? Há contraste suficiente entre o fundo e os caracteres? O tamanho deles é suficiente? Podemos alterar esses parâmetros? Dá para aumentar o tamanho dos caracteres, dos ícones? Dá para mudar a quantidade de luz do monitor? É possível mudar o posicionamento do monitor no posto de trabalho, aumentar a distância do olho, mudar a incidência de luz? São muitas as questões para as quais devemos buscar respostas antes de iniciarmos o projeto de iluminação.

Alguns autores apontam que a visão responde por cerca de 80% das informações capturadas nas situações de trabalho. Apesar desse número expressivo, devemos considerar que outros estímulos, mesmo sendo menos conhecidos, são importantes. Nessa categoria podemos citar o tato e o senso cinestésico.

4.7.3 Tato, temperatura e dor

Além da importância da visão e da audição nas situações de trabalho, devemos também incluir o tato e o senso cinestésico (ou cinestesia). Vamos entender primeiramente o tato e, em seguida, a cinestesia discutindo sua relação com a produtividade, o bem-estar e a segurança dos trabalhadores.

O tato codifica os estímulos de pressão, temperatura e dor. Enquanto alguns sentidos são ativados a distância, o tato só é ativado quando tocamos o objeto. Fisiologicamente, o sentido do tato (ou háptico) transmite as sensações quando os receptores de toque, temperatura e dor, localizados na epiderme – camada mais externa da pele – envia informações sobre o objeto por meio dos seus longos axônios para os nervos espinhais ou cranianos (GAZZANIGA; HEATHERTON, 2005). Assim, o tato nos informa se o objeto é quente ou frio, áspero ou macio, seco ou úmido. Dentre as informações obtidas pela via do tato, a influência da temperatura durante a realização do trabalho é uma das dimensões que nos interessam mais diretamente.

4.7.3.1 Temperatura: conforto térmico

O organismo humano possui um sistema de termo-regulação que permite manter a temperatura constante (LLANEZA ALVAREZ, 2005), tornando-o adaptado para funcionar à temperatura de aproximadamente 37 ºC. As condições climáticas comumente não interferem no sentido de elevar ou reduzir a temperatura interna do corpo humano, a menos que a temperatura do ambiente ultrapasse limites de maneira que o organismo não seja capaz de manter a homeostase, ou seja, o equilíbrio da temperatura: quer seja baixa ou elevada.

Em ergonomia, interessa analisar a combinação de diferentes elementos do ambiente, a atividade de trabalho e a percepção das pessoas com relação ao seu trabalho, como: a temperatura, a umidade, a velocidade do ar e a temperatura radiante. Dessa forma, a noção de conforto térmico é importante, pois indica o quanto as pessoas estão confortáveis na temperatura do ambiente em que se encontram.

De acordo com a ISO 7730, um espaço é considerado confortável do ponto de vista térmico quando o número de pessoas que se sentem desconfortáveis não ultrapassa 10%.

Llaneza Alvarez (2005) define a zona de conforto térmico entre as temperaturas de 20 ºC a 24 ºC, umidade variando entre 40% e 80%, velocidade do ar moderada (aproximadamente 0,2m/s), com desvios de temperatura não superiores a 4 ºC.

O conforto térmico é obtido por trocas de energia calorífica que dependem de vários fatores: ambientais e/ou pessoais. Quando existe diferença de calor entre pelo menos dois corpos, há transferência de calor do mais quente para o mais frio, conforme os mecanismos a seguir (LLANEZA ALVAREZ, 2005):

- **Condução:** transferência de calor de um ponto para outro em um corpo ou entre corpos e objetos quando há contato físico.

- **Convecção:** transferência de calor de um lugar para outro em meio gasoso ou líquido. A transferência térmica por convecção com ar se dá pela pele e pelas vias respiratórias.
- **Radiação:** transferência de energia eletromagnética transmitida pelo espaço sem a presença ou movimento de um objeto.

O conforto térmico se relaciona à produção de calor metabólico, a diferentes variáveis ambientais (velocidade do vento, temperatura do ar, umidade relativa e temperatura média radiante) e à vestimenta. O grau de conforto ou desconforto térmico percebido depende da interação desses elementos.

Os parâmetros de maior relevância do conforto térmico são: individuais (metabolismo e vestuário) e ambientais (temperatura do ar, umidade do ar, velocidade do ar, temperatura média radiante).

Lembremos que o corpo humano produz calor por meio do metabolismo e para manter a temperatura próxima dos 37 °C é importante que esse calor seja perdido para o meio ambiente. Quando a temperatura externa está próxima desse valor, o calor produzido não é perdido pelos mecanismos citados (condução, convecção e radiação). Nessas condições a tendência é que o corpo humano receba energia térmica do meio. Para manter a temperatura constante é necessário, então, que se perca calor por meio de um outro mecanismo, aliás, o mais efetivo, a evaporação. Nesse processo, a função da sudorese e de certas condições ambientais que a favoreçam, como o deslocamento do ar, são fundamentais. Apenas transpirar não é suficiente, é importante que haja evaporação da água, para ajudar a reduzir a temperatura na superfície do corpo e criar uma situação favorável à perda de calor. Quando o ambiente externo está mais frio, e no caso de temperaturas baixas, a tendência é que o corpo humano perca muito calor para o meio. O compromisso que criamos ao usar roupas é evitar que se perca muito calor, a roupa ajuda a manter a temperatura mais amena nas proximidades do corpo.

Podemos, a partir dessas informações, concluir que a temperatura influencia diretamente o trabalho humano de diferentes maneiras, tanto na sua produtividade quanto na elevação da probabilidade de ocorrência de acidentes. Para compreendermos essas influências, vejamos como nosso organismo reage em face das diferentes situações e suas consequências:

- **Trabalho em temperaturas elevadas**
    a) Maior demanda de irrigação sanguínea;
    b) O sangue flui para a superfície da pele para eliminar calor;

c) O coração passa a ser exigido no seu limiar de bombeamento (25 L/min);

d) A ocorrência de estresse térmico (cansaço excessivo/esgotamento, desidratação, insolação, dor de cabeça, câimbra, e acidentes vasculares cerebrais (AVC).

- **Trabalho pesado**
  a) Gera elevado calor por meio dos processos metabólicos;
  b) Em ambientes quentes há uma carga metabólica adicional.

- **Trabalho em temperaturas baixas**
  a) Demanda maior esforço muscular;
  b) Nessas condições, mãos, braços e pescoço são mais exigidos;
  c) A baixa temperatura das extremidades provoca redução de força e controle neuromuscular, elevando a probabilidade de acidentes e erros.

- **Contato com superfícies e objetos quentes/frios**
  a) Pode provocar desconforto ou acidentes;
  b) O uso de determinados objetos, como corrimões, pisos, fechaduras, pode ficar comprometido.

De forma geral podemos sintetizar algumas vantagens em se considerar o conforto térmico e algumas desvantagens em se ignorá-lo.

Vantagens do conforto térmico:

- Maior rendimento do trabalho;
- Menor índice de acidentes;
- Menor índice de doenças (fadiga, exaustão, desidratação);
- Melhor entrosamento funcional x social.

Desvantagens nas situações de excesso de calor verificamos o aumento de:

- Faltas;
- Afastamentos por doença;
- Rotatividade de trabalhadores;
- Acidentes de trabalho;
- Frequência dos ajustes das máquinas;
- Defeitos (redução dos índices de qualidade).

4.7.3.2 Percepção de toque: controles e manejos

Das funções do tato, talvez a mais conhecida seja a percepção de um objeto quando ele toca partes do nosso corpo e, em particular, a discriminação de suas características, como: tamanho, textura e forma. Essa discriminação interessa de perto à ergonomia quando analisamos controles e manejos no trabalho humano em contextos de transmissão de movimentos com o uso do corpo.

De acordo com Iida (2005), o controle pode ser definido como o movimento executado pela pessoa para transmitir alguma forma de energia a uma máquina. Dito de outra forma, trata-se da possibilidade de interagir com um artefato (computador, carro, terminais de autoatendimento, rádios, pias etc.) por meio de um sistema de controle como botões, volantes, manivelas, alavancas, pedais, registros, dentre outros.

Na concepção de controles e manejos, devemos contemplar princípios do funcionamento da cognição humana, bem como as competências dos usuários ao operar o artefato.

Assim, além de adequar os controles aos movimentos corporais, devemos investigar possíveis estereótipos sociais sobre o funcionamento de determinados artefatos e ainda a compatibilidade entre os mostradores e a informação transmitida.

Na discriminação pelo tato, consideramos principalmente os movimentos a serem realizados com as mãos e os dedos. Assim, os controles podem ser discretos ou contínuos.

Os **controles discretos** impõem aos usuários posições predefinidas para interação com a máquina/artefato:

- Ligar/desligar;
- Posicionamento (como o nível de velocidade de um liquidificador); e
- Entrada de dados (como o teclado que Maria utiliza em seu trabalho).

Os **controles contínuos** preveem que os usuários possam realizar um grande número de ajustes ou de inserções de dados em um artefato, como a sintonia de um rádio. Essa distinção é importante na escolha do tipo de controle a ser utilizado.

Para as funções dos equipamentos, determinados tipos de controle são mais apropriados do que outros. Tudo depende do objetivo da ação. Por exemplo, para um computador pode ser utilizado um botão de liga/desliga ou um interruptor para iniciá-lo. Da mesma forma, em um aparelho de som pode ser adotado um botão liga/desliga, ou um botão rotativo para ligá-lo e, no mesmo dispositivo, controlar o volume. No entanto, para uma máquina de lavar roupas, um botão contínuo é menos efetivo do que um botão discreto com as opções lavar, enxaguar e centrifugar.

Em uma mesma situação podemos encontrar diferentes controles para realizar a mesma ação. Há tarefas em que se pode contar pouco, ou nada, com a visão. Nesses casos, reconhecer os controles pelo tato é essencial. Maria, ao redigir em seu computador, raramente necessita olhar para o teclado para saber digitar o texto desejado. Além do senso cinestésico, sentido que estudaremos a seguir, ela conta com a demarcação no seu teclado: nas letras "F" (dedo indicador da mão esquerda) e "J" (indicador da mão direita) há uma saliência na tecla que permite posicionar as mãos de maneira correta.

A discriminação entre os controles pode ser feita de várias formas, pelo tato: a forma, o tamanho, a textura e a localização. Outro exemplo de discriminação de controles é adotado na indústria aeronáutica. Na Segunda Guerra Mundial a força aérea americana uniformizou o formato dos controles visando distinguir os comandos de trem de pouso e controle dos flapes dos seus aviões. Segundo Iida (2005), o controle do trem de pouso foi desenhado com a forma de pneu (com textura emborrachada) e dos flapes, com a forma de asa, com textura lisa (alumínio), facilitando a discriminação e evitando que os pilotos confundissem a função.

Um tipo particular de controle é realizado com a ponta dos dedos e a palma das mãos para segurar ou manipular algum objeto e/ou artefato. Esse tipo de controle denomina-se *manejo*.

O tato permite imprimir a força necessária para executar manejos finos (com a ponta dos dedos) ou grosseiros (com a palma da mão). A combinação entre o tato (reconhecimento da superfície e força exercida) e o desenho da pega pode definir o sucesso da ação. Por isso, em ergonomia estudamos diferentes situações para projetar ferramentas adaptadas às atividades desempenhadas e às características humanas (pegas antropomorfas). Apesar das pegas chamadas geométricas permitirem maior flexibilidade de uso, as antropomorfas, por serem anatômicas, auxiliam na precisão do movimento e da força empregada.

Finalmente, nas situações em que o tato é solicitado na discriminação de estímulos, o tipo de superfície é muito importante, tanto para localizar objetos quanto para auxiliar no seu uso. No chamado manejo fino, é preferível superfície lisa, enquanto no manejo grosseiro devemos optar por superfícies estriadas, uma vez que elas favoreçam o atrito da mão com o objeto (IIDA, 2005).

4.7.4 Senso cinestésico e equilíbrio: o corpo em movimento

No início desta seção apresentamos os cinco sentidos humanos e também a audição, a visão e o tato salientando as suas funções na realização de trabalhos diários. Vocês devem ter percebido que, ao longo do nosso estudo, mencionamos dois outros sentidos. Embora os livros de fisiologia ainda relacionem somente os cinco mais conhecidos, há pesquisas e autores que sugerem um sexto e um sétimo sentidos e que são importantes quando se trabalha com ergonomia: o senso cinestésico e o equilíbrio.

O senso cinestésico (do grego *kinen*=mover e *aisthesis*=percepção) e o equilíbrio captam informações internas ao organismo humano. Segundo Gazzaniga e Heatherton (2005), alguns autores tendem a classificar o primeiro como sendo uma das propriedades do tato e o segundo da audição em razão de seu controle pelo labirinto. No entanto, pela sua singularidade e relevância, eles são estudados à parte.

A cinestesia refere-se à percepção das informações oriundas dos receptores que se encontram em nossos músculos, tendões e articulações. É ela que nos possibilita detectar tensão muscular e, mesmo de olhos fechados, o movimento e a posição dos braços ou das pernas.

Uma das maneiras de descobrir a importância da cinestesia é observar o que ocorre quando uma de nossas pernas fica dormente (HERCULANO-HOUZEL, 2002). A circulação é dificultada, asfixiando temporariamente os sensores localizados nos músculos e nas articulações. Assim, o cérebro recebe com falhas algumas informações sobre o quanto cada músculo está contraído, a posição das articulações no espaço, dificultando uma tarefa simples como levantar e caminhar, pois sua perna não recebe do cérebro as ordens adequadas.

Outro exemplo: Fugita (2003) em seu estudo discute o papel da cinestesia para o nadador e sua importância, pois ele permite discriminar:

- Se o corpo se encontra numa posição hidrodinâmica;
- Em qual angulação a mão consegue maior apoio na água;
- A posição da mão em relação ao cotovelo na entrada da braçada;
- A sensação de deslocamento eficiente.

Essa possibilidade de perceber o seu próprio nado parece ser melhorada pelo refinamento das informações obtidas pelos proprioceptores.

A percepção de equilíbrio é feita essencialmente pela interpretação de informações advindas dos receptores vestibulares (localizados no ouvido interno). No entanto, pode contar também com informações captadas pelos olhos e as dos receptores cinestésicos (localizados na pele, nos músculos e articulações, que traduzem a gravidade, a posição do corpo e seus movimentos em impulsos nervosos). Apesar de se localizar no ouvido, os receptores vestibulares não têm ligação com o mecanismo da audição e são compostos por três canais semicirculares e duas cavidades (utrículo e sáculo), cheias de fluidos; elas possuem células com formato de cílios que são sensíveis à mudança de posição (IIDA, 2005). O sistema vestibular permite ao homem permanecer ereto, sem cair e sentir aceleração ou desaceleração.

Segundo Herculano-Houzel (2002, p. 44), "quando funcionam normalmente, a cinestesia e o equilíbrio são os grandes responsáveis por conseguirmos ficar de pé, eretos e equilibrados, com a cabeça bem alinhada no centro do corpo, e por conseguirmos nos mover sem precisar olhar onde vai a mão, o pé ou a cabeça, ou mesmo com os olhos fechados". Como você vê, sem esses sentidos fica até difícil usar os outros.

Como podemos deduzir, esses dois sentidos humanos têm uma função importante quando estudamos o trabalho porque muitas ações dependem de movimentar partes do corpo, como pés, mãos, braços, pernas e cabeça, sem acompanhamento visual. Um exemplo simples é a tarefa de dirigir um carro. Espera-se que o motorista utilize seu aparato visual para obter informações do trânsito, como a distância do carro da frente, a velocidade do automóvel, obedecer à sinalização (semáforo), e não necessite visualizar o pedal da embreagem ou o câmbio para mudar a marcha. Da mesma forma, o sistema vestibular deve mantê-lo equilibrado para que o incauto motorista não perca o controle do carro por estar desequilibrado.

Outro exemplo da importância desses sentidos pode ser retomado no trabalho de Maria. Quando ela tem que digitar várias linhas de código para programar, raramente ela olha para o teclado a fim de saber quais são as letras certas. Apesar de não visualizá-lo, ela tem noção de estar digitando corretamente e, principalmente, quando cometeu um erro. Da mesma forma, ela é capaz de imprimir um documento, buscá-lo na impressora e caminhar para a sala da chefia lendo o papel, sem necessidade de olhar o chão ou os degraus da escada. É necessário considerarmos que, apesar desse exemplo envolver cinestesia e equilíbrio, ele também requer de Maria a utilização de mecanismos cognitivos como a **memória** e a **atenção** para caminhar, subir escadas e ler ao mesmo tempo.

Apresentamos até o momento alguns conceitos para a adaptação de espaços de trabalho ao ser humano dando ênfase ao uso de computadores. Os mesmos conceitos e considerações feitas nesse contexto podem ser ampliados para trabalhos bem distintos, sempre adotando a atividade como fio condutor para a avaliação da situação e a partir do diagnóstico propor transformações nas condições de trabalho.

5
Cognição no trabalho

5.1 Introdução

O trabalho humano, independentemente de sua natureza, solicita daqueles que o realizam o processamento de informações. Mesmo aqueles considerados classicamente mecânicos e repetitivos como, por exemplo, os dos estivadores ou os dinâmicos e "imprevisíveis" como teleatendimento, designers de interfaces ou operadores de sala de controle. O que esses trabalhos têm em comum? Qual é a importância de entender como funciona o processamento cognitivo em situação de trabalho? É possível planejar objetos, artefatos e ambientes de forma a torná-los compatíveis com o funcionamento da cognição humana?

Neste capítulo vamos tratar dessas e de outras questões. Mas, antes de começar qualquer discussão, como nos capítulos anteriores apresentaremos uma situação de trabalho a partir da qual esses conceitos serão explicitados.

Fernanda é funcionária da empresa *Softwares Matrix* há seis anos. Desde que foi contratada, ela é a recepcionista do acesso principal ao prédio da diretoria. Até bem pouco tempo sua tarefa consistia em atender as pessoas no balcão e prestar informações por telefone. Ela devia ser cordial com o visitante, anotar alguns dados pessoais em um caderno com as fichas próprias (tais como: nome, telefone, identidade) e o horário de entrada e saída do prédio.

Recentemente a empresa realizou duas modificações no trabalho de Fernanda:

a) Introduziu uma porta giratória permitindo o acesso dos visitantes à recepção, atribuindo-lhe o controle da entrada; e

b) Informatizou o procedimento de identificação.

Hoje ela deve preencher um cadastro no qual são solicitados dados complementares como CPF, endereço, CEP, e-mail, objetivo da visita e o destino do visitante. Além disso, Fernanda deve inserir uma foto digital que é feita no momento do cadastramento.

No final do dia ela se sente cansada física e mentalmente. Seus olhos ardem, passou a ter dores na coluna e no pescoço e se queixa de leves dores no antebraço. Segundo Fernanda, após a introdução do computador, parece que suas tarefas ficaram mais complicadas em vez de se tornarem mais simples, conforme lhe fora prometido pela chefia. Hoje ela percebe que aumentou o número de reclamações das pessoas que desejam ter acesso ao prédio, principalmente pelo tempo gasto na identificação. Ela disse: "... *Sinto saudades do trabalho anterior! Atualmente, quase sempre, termino o expediente estressada*".

> Apesar de executar a "mesma função", é evidente que Fernanda passou a realizar novas tarefas. Essas novas tarefas solicitam outros conhecimentos e habilidades. Por exemplo, ela tem que manipular um novo instrumento de trabalho. Instrumento esse que passou a mediar seu relacionamento com o cliente, modificando a rotina à qual ela já estava acostumada. Até a ficha passou a ter uma nova forma, estabelecendo uma sequência em que os dados devem ser preenchidos, reestruturando seus procedimentos diários. A foto digital exige que ela, além de aprender a manipular a câmera digital, saiba convencer as pessoas a serem fotografadas.

Um dos pontos importantes para a análise do trabalho, na visão dos ergonomistas, é a compreensão de como as pessoas percebem e agem a partir das informações que captam no ambiente à sua volta. Como, por exemplo, Fernanda, com o intuito de executar suas tarefas, capta, interpreta e organiza as informações do contexto. Como ela resolve problemas, acelerando ou reduzindo o ritmo de trabalho de acordo com a necessidade.

Os ergonomistas buscam compreender como os processos mentais se expressam nas situações em que estão envolvidas decisões que levam às ações. É a partir dessa compreensão que muitas das tarefas ao serem transformadas podem melhorar o conteúdo e as condições de trabalho. Tais processos têm sua base na cognição humana.

5.2 O que é a cognição humana?

Cognição é um conjunto de processos mentais que permite às pessoas buscar, tratar, armazenar e utilizar diferentes tipos de informações do ambiente. É a partir dos processos cognitivos que o indivíduo adquire e produz conhecimentos. Antes de aprofundar no tema, salientamos que este capítulo não entrará em detalhes sobre o modo como o corpo e, especialmente, o sistema neurológico funcionam.

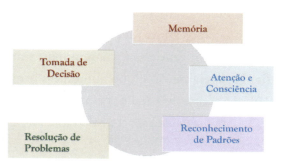

Processos Cognitivos:
- Memória
- Tomada de Decisão
- Atenção e Consciência
- Resolução de Problemas
- Reconhecimento de Padrões

É importante diferenciarmos que no trabalho dois processos atuam de forma articulada: como as pessoas captam as informações – processos perceptivos – e como elas as entendem e as organizam – processos cognitivos.

A percepção é um conjunto de processos pelos quais recebemos, reconhecemos, organizamos e entendemos as sensações recebidas dos estímulos ambientais.

Modalidades perceptivas:
- Visão
- Audição
- Tato
- Paladar
- Olfato
- Cinestesia
- Propriocepção

Nós, ergonomistas, damos maior ou menor importância a esses sentidos, dependendo da tarefa que está sendo executada.

Em contraposição a esta forma estruturalista de compreender a percepção, a abordagem da Gestalt propõe um conjunto de princípios que explicam nossa maneira de perceber o ambiente.

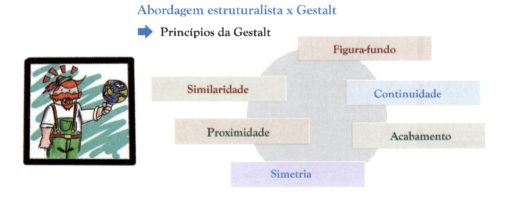

Abordagem estruturalista x Gestalt

Princípios da Gestalt
- Figura-fundo
- Similaridade
- Continuidade
- Proximidade
- Acabamento
- Simetria

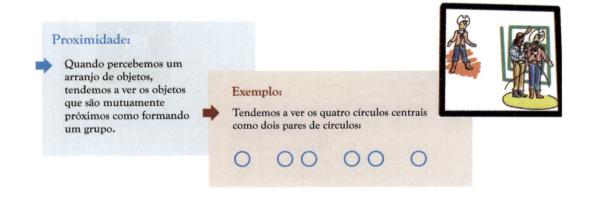

Proximidade:
Quando percebemos um arranjo de objetos, tendemos a ver os objetos que são mutuamente próximos como formando um grupo.

Exemplo:
Tendemos a ver os quatro círculos centrais como dois pares de círculos:

Similaridade:
Tendemos a agrupar objetos com base em sua similaridade.

Exemplo:
Tendemos a ver quatro colunas de X e O, não quatro linhas de letras alternadas:

X O X O
X O X O
X O X O

Acabamento:
Tendemos a acabar ou completar perceptivamente os objetos que não estão, de fato, completos.

Exemplo:
Tendemos a ver um triângulo completando os traços ausentes na figura:

Simetria:
Tendemos a perceber os objetos como formadores de imagens espelhadas em torno de seu centro.

Exemplo:
Tendemos a ver estes objetos como formando quatro conjuntos de sinais, em vez de oito itens individuais:

{ [ ] } < ( ) >

Figura-fundo:
Quando se percebe um campo visual, alguns objetos (figuras) parecem proeminentes e outros aspectos do campo recuam para o plano de fundo.

Exemplo:

Exemplo 1 — Contraste positivo otimal
Exemplo 2 — Contraste negativo
Exemplo 3 — Contraste a ser evitado

Continuidade: Tendemos a perceber formas suavemente harmoniosas ou contínuas em vez de formas rompidas ou desarticuladas.

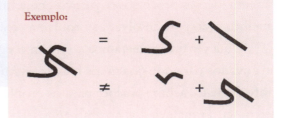

Exemplo:

Um artefato, ou ambiente de trabalho, que altera ou confunde as informações que necessitamos pode induzir acidentes ou incidentes. Esse tipo de ambiente tende a sobrecarregar as pessoas, já que ele dificulta a compreensão da informação tendo como consequência a necessidade de corrigir frequentemente os dados percebidos.

No caso de Fernanda, um grande número de elementos do contexto pode dificultar o seu trabalho. O reflexo de uma luminária na tela do computador atrapalha a discriminação do que ela deve digitar ou perguntar ao visitante. O ruído de um ventilador de teto, ou de um ar-condicionado, pode interferir na sua capacidade de ouvir as respostas dos visitantes. A luminosidade intensa pode dificultar o reconhecimento das pessoas que adentram pela porta giratória.

Nessas condições, o ambiente influencia na percepção do contexto, podendo mascarar as informações e dificultar o seu trabalho. Ela adota algumas estratégias para prevenir ou corrigir tais falhas.

Em ergonomia, dispomos de uma série de métodos que permitem a avaliação precisa e sistemática a partir da qual é possível propor um conjunto de recomendações, a fim de adaptar o ambiente de trabalho às limitações perceptivas humanas. Por exemplo, a análise da atividade permite identificar não somente os problemas e as dificuldades, mas também as estratégias de Fernanda. Identificar as estratégias é importante, pois elas nos fornecem informações sobre como acontece a interação entre as diferentes tarefas e seus constrangimentos e o efeito dos constrangimentos sobre Fernanda, especificamente.

Características das Tarefas Cognitivas Complexas:

▶ Os objetivos a serem alcançados são de natureza quantitativa e qualitativa, frequentemente conflitantes e entre os quais não há uma hierarquia predeterminada;

▶ As tarefas podem impor severas restrições de tempo aos operadores; podem ocorrer erros humanos com graves consequências.

Quando Fernanda analisa a situação e desenvolve as estratégias para agir, entram em jogo os processos cognitivos, cuja função é interpretar o contexto e escolher a melhor ação para resolver os problemas encontrados no ambiente.

Uma vez que detectamos o estímulo pela via sensorial, os processos cognitivos são ativados para que possamos buscar eventos e/ou outras informações que ajudem a interpretá-lo, achar soluções para os problemas encontrados, armazenar e, até mesmo, procurar mais dados no ambiente. O que nos leva a perguntar: afinal o que vem primeiro, a cognição ou a percepção? Ou, de outra forma: faz sentido discutir esses dois processos de forma independente?

Os processos perceptivo e cognitivo são distinguidos apenas por motivos didáticos, mas eles agem em um *continuum*. A figura abaixo representa a relação entre a percepção e a cognição no contato do homem com o meio em que vive.

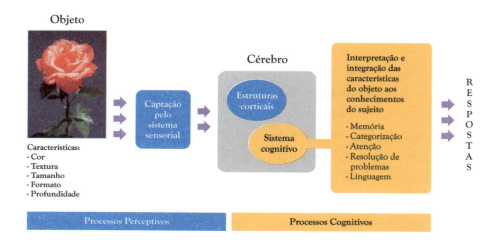

Pela figura podemos identificar que cada estímulo proveniente do meio ambiente apresenta uma série de características que são captadas pelos nossos sentidos. Tais informações são transformadas em estímulos eletroquímicos, transmitidos a diferentes partes do sistema nervoso central e interpretadas, organizadas, armazenadas e evocadas. Esses tratamentos ocorrem mediados por diferentes processos cognitivos, tais como: memória, categorização, atenção, resolução de problemas e processos decisórios, que fornecem indicadores para a ação. Assim, podemos afirmar que a rosa da figura só é uma rosa quando a informação sensorial é "traduzida" no córtex cerebral pelo que comumente denominamos rosa, ou flor. As variações no contexto modificam a percepção e um novo processo é desencadeado.

As ações de Fernanda não dependem somente dos dados ou estímulos que ela capta do ambiente. Ao contrário, eles só terão sentido se forem reconhecidos e decodificados, evocando da memória outras situações e conceitos semelhantes que a auxilie a compreender o problema e a tomar uma decisão para resolvê-lo. Desta forma, há um processamento contínuo entre o novo estímulo do ambiente, o conhecimento de Fernanda sobre suas tarefas, o conhecimento que ela adquiriu em outros contextos e, a partir desta articulação, uma nova representação se instaura podendo ser recuperada futuramente.

Essa descrição resulta de um ponto de vista sobre o fenômeno, ou seja, um recorte, uma vez que diferentes ciências, ou áreas do conhecimento (Filosofia, Psicologia, Pedagogia, entre outras), estudam a cognição. Cada uma enfatiza situações circunscritas ao seu interesse produzindo um corpo teórico próprio, com conceitos particulares que explicam como as pessoas compreendem e agem em determinado contexto.

Com a ergonomia não é diferente. Para compreender como esse processo ocorre em ergonomia – mais especificamente na ergonomia cognitiva –, buscamos fundamentação nas áreas do conhecimento que estudam a percepção e a cognição humana, na tentativa de entender como os processos mentais afetam nossas ações e por elas são afetadas.

5.3 Ergonomia cognitiva

A ergonomia cognitiva (EC) surgiu com o objetivo de analisar os aspectos cognitivos e de conduta na relação entre o homem e o trabalho, mediada pela utilização de artefatos (CAÑAS; WAERNS, 2001). Ela não tem como propósito compreender como funciona a cognição humana, mas sim a **expressão da cognição no trabalho**, ou seja, quando um trabalhador específico realiza uma determinada tarefa. Nessa perspectiva, em ergonomia estudamos a cognição de forma situada e finalística, articulando-a a um referencial teórico e às características do trabalhar.

Cognição Situada:

➡ Centrada na atividade;

➡ Particularização de conhecimentos;

➡ Conhecimento criado "pela ação" e "para ação".

Ao proceder desta maneira, o ergonomista visa apreender e explicar o tratamento de informações construído pelos sujeitos num dado contexto mediado pelos objetivos e exigências da tarefa. Logo, trata-se de uma **cognição situada**. Da mesma forma, em EC se considera que estes processos cognitivos levam à particularização de um conhecimento mais geral, para responder a uma solicitação específica visando atingir um objetivo definido anteriormente, portanto, com **caráter finalístico**.

Em EC temos como objetivo maior desenvolver estudos que permitam conceber novos métodos de análise e modelos explicativos da atividade cognitiva em contexto de trabalho. Se, por um lado, nos utilizamos de conhecimentos produzidos por outras disciplinas, por outro, contribuímos para produção do conhecimento ao confrontar os modelos propostos à luz da realidade. Tal abordagem implica conceber um conceito de cognição em ação, ou seja, destinada a um fim específico que propicie uma intervenção no meio.

Se cada indivíduo interage com as exigências da tarefa de forma diferenciada, fruto da sua experiência e competência e – em última instância – da sua cognição, o coletivo de trabalho também possui conhecimentos e representações que são distribuídas entre seus membros.

Dimensão coletiva:

- Base comum de informações sobre as diferentes tarefas e ações;
- Formada pela experiência e pela convivência;
- Os colegas codificam informações sobre uma dada situação e se tornam capazes de antecipar as ações dos outros, reestruturando suas ações.

As metas delimitam os conhecimentos e ações que o sujeito deve considerar, ativando e inibindo diferentes representações na memória.

Em função desta coletividade, Fillipe (apud MONTMOLLIN, 1995) discute o conceito de cognição compartilhada entre os atores partindo do pressuposto de que nas atividades de trabalho coletivo cada indivíduo é portador de conhecimentos parcialmente redundantes com os dos outros. Segundo o autor, este compartilhar vai além do somatório dos conhecimentos dos indivíduos, na verdade é um orientador, um estruturador das ações e interações entre os membros do grupo.

Conceitualmente, os conhecimentos colocados em prática para utilizar (individual ou coletivamente) os instrumentos de trabalho e o lidar com a variabilidade de cada situação, em função das exigências da tarefa, constitui uma das fontes de que se nutre a EC.

A cognição compartilhada tem sido muito estudada em sistemas complexos nos quais os operadores são confrontados a tarefas diferenciadas que exigem competências distintas em muitos sentidos, mas cuja articulação é essencial para atingir os objetivos e as metas. O pressuposto é que existe uma interseção entre as competências, que permite coordenar ações conjuntas, por meio de um ou mais elementos, que favoreçam a comunicação no sentido de transmitir informações, antecipar ações e disfunções, resolver problemas e tomar decisões.

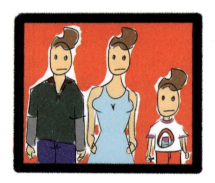

Cognição compartilhada:
- Conhecimento relativo ao coletivo do trabalho;
- Representações compartilhadas sobre as atividades desempenhadas;
- Não é um somatório de conhecimentos;
- Estruturas das ações e interações no grupo.

A noção de cognição compartilhada assume diferentes nuanças e dimensões, dependendo do objeto de análise. Bodker e Gronbaek (1998) encontraram evidências de que o software dá suporte ao trabalho cooperativo complexo, favorecendo o compartilhamento de conhecimentos e de ações integradas. Goodwin e Goodwin (1998) concluem em seu estudo que a compreensão coletiva dos diferentes aspectos da tarefa são determinantes para a sua realização, favorecendo a eficácia. Engeström (1998) argumenta que o entendimento da expertise muda o enfoque centrado nas habilidades individuais para uma visão de construção coletiva, contínua e discursiva. Cañas e Waerns (2001) diferenciam a cognição comunicativa, que diz respeito ao compartilhamento de conhecimentos entre pessoas, e a cognição distribuída, que se refere à transferência de conhecimento pessoa-artefato. Entre outros autores, Silvino (1999) aponta a linguagem como um dos elementos estruturadores das representações compartilhadas e influenciadores da transferência de expertise.

Todos estes estudos salientam o papel do coletivo e a importância do compartilhar as informações para o sucesso do trabalho. No entanto, apesar do consenso encontrado na literatura, este conceito tem descrito muitas situações de trabalho sem explicitar como as pessoas compartilham os conhecimentos, quais os processos cognitivos envolvidos e o papel da linguagem, enquanto elemento comum e estruturador do coletivo.

Por meio do referencial teórico da EC, buscamos compreender como o indivíduo gerencia a situação de trabalho e as informações que recebe. É importante lembrar que qualquer tentativa neste sentido deve considerar a limitação fisiológica do sistema cognitivo humano. Não somos capazes de captar todas as informações provenientes do meio nem de analisar todas as alternativas possíveis de ação. Um dos objetivos em EC é compreender como o indivíduo seleciona as informações pertinentes para agir em situação, com o intuito de elaborar recomendações que favoreçam a captação, o tratamento e, principalmente, a utilização das informações mais pertinentes. Esse procedimento permite reduzir o número de tratamentos de informação desnecessários, ambíguos ou conflitantes, e contribui para minimizar alguns impactos resultantes da inserção de novas tecnologias no contexto de trabalho.

Ao longo dos anos, observamos mudanças significativas nos contextos de trabalho: atividades em que outrora predominavam aspectos físicos e visíveis transformam-se em atividades mais "simbólicas", solicitando do trabalhador abstração do concreto, interpretação e tratamento das informações.

Características das tarefas complexas:

As tarefas tendem a ser mais complexas:

- Quanto maior o número de elementos a serem tratados;
- Quando a sua natureza é dinâmica e incerta;
- Quando requer do sujeito uma capacidade de avaliação e antecipação dos procedimentos e disfuncionamentos;
- Quando exige capacidade de abstração acentuada.

Um exemplo ilustrativo é o trabalho do torneiro mecânico. Para executar suas tarefas ele manipulava diretamente o metal a ser moldado. Cada parte da peça era medida, desenhada e torneada de acordo com as especificações. Para torneá-la, ele manuseava diferentes ferramentas que demandam um conjunto de competências específicas à atividade. A todo o momento ele podia visualizar o produto do seu trabalho e, com isso, redefinir suas ações.

Com a implementação de novas máquinas, o torneiro mecânico executa o seu trabalho de maneira indireta, mediada por um computador. Agora é a máquina que deve moldar o metal segundo os parâmetros fornecidos. Tal processo dificulta o contato com o objeto durante a produção, substituindo o caráter concreto do processo por uma abstração, alterando todos os seus mecanismos de regulação. Em alguns casos o trabalhador não toma ciência nem do produto final.

No caso de Fernanda, sua tarefa principal consistia em recepcionar o cliente com cordialidade e preencher uma ficha. Como a ficha era de papel, ela podia pedir qualquer informação sem se preocupar em seguir uma ordem exata. A habilidade exigida para tanto era escrever. Como o papel estava no balcão, não havia nada entre ela e o visitante, facilitando a tarefa de bem-receber já que a sua atenção estava focada principalmente no cliente. Hoje, embora o modelo da ficha seja semelhante, o computador acrescentou mais um elemento na tarefa de Fernanda, dividindo sua atenção. Nesse novo contexto, além da relação, nem sempre amigável com o cliente, sua tarefa é intermediada por outros artefatos: o teclado, o mouse e a câmera digital. Ela deve inserir os dados numa sequência predefinida, sem deixar qualquer campo sem preenchimento. A solicitação continuada da atenção ao longo da jornada pode ser uma das possíveis causas de sua queixa de cansaço. Apesar de parecer muito com o trabalho que ela já desenvolvia, o atual tem uma natureza diferente em razão das mudanças decorrentes da informatização.

A análise ergonômica do trabalho resgata a importância da cognição no trabalho e ajuda a propor modificações na forma dos documentos e na apresentação das informações neles contidas, nos programas de computador, nas comunicações. Desta forma, aperfeiçoa o trabalho, compatibilizando-o com as características e necessidades daqueles que o realizam.

Com a evolução e a inserção de novas tecnologias em diversos campos do trabalho, tornou-se necessário compreendermos a sua influência no fazer dos indivíduos a elas submetidos. Diferentes estudos têm demonstrado que cada novo elemento do trabalho altera a natureza da tarefa a ser realizada e solicita dos usuários competências diferenciadas (MARMARAS; KONTOGIANIS, 2001; MARMARAS; PAVARD, 1999). Nesse sentido, compreender as competências dos trabalhadores constitui uma ferramenta preciosa em ergonomia, pois é a partir da sua mobilização que podemos explicar as ações e o porquê delas.

5.3.1 Competências para a ação

Diferentes conceitos são utilizados para tentar explicar como o trabalhador gerencia seu trabalho. Um destes conceitos, o de competências, pode ser entendido como a articulação de conhecimentos, representações, tipos de raciocínios e estratégias cognitivas que o sujeito constrói e modifica no decorrer da atividade (MONTMOLLIN, 1990).

- Sperandio (1972) - o aumento da carga de trabalho leva os operadores a, inicialmente, acelerar o ritmo e, depois, mudar os modos operatórios.

- A capacidade de mudar o modo operatório é uma capacidade de economia cognitiva - flexibilidade - é uma faceta da aquisição da experiência.

As competências se referem à potencialidade de uma pessoa para realizar uma ação em determinado momento de uma situação. São elas que operacionalizam os conhecimentos e habilidades do trabalhador que se concretizam na forma de ações.

Desenvolvimento de Competências:

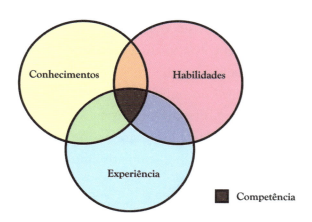

Ao estudarmos as competências que o trabalhador utiliza para agir, podemos identificar as representações que ele tem do seu trabalho. A identificação das competências permite compreender a ação humana. Ela pode também explicar como o trabalhador evita o erro, antecipa disfuncionamentos, como os corrige, quais são as etapas da tarefa que ele considera mais importantes, como ele dá conta de eventos inesperados, detecta e diagnostica um problema, organiza suas ações em situações normais e em situações críticas.

Segundo Maggi (2004), a competência não é uma resposta a uma tarefa ou papel, ela concerne aos sujeitos agentes do processo de ação; ela é a tradução no decorrer de uma aprendizagem contínua, de conhecimentos e experiências em ação; é um saber interpretar, um saber avaliar, um saber intervir. Nesse sentido, é na ação de trabalho que se constitui a competência.

Entender as competências do trabalhador é fundamental para que o ergonomista possa sugerir alterações na organização do trabalho e mesmo na concepção de interfaces informatizadas mais adaptadas.

A seguir apresentamos um esquema que contempla as variáveis envolvidas na construção das competências que serão retomadas individualmente ao longo do capítulo, ora associadas aos estudos de caso, ora às definições de conceitos.

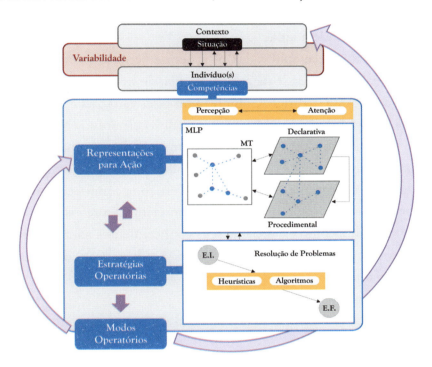

As competências estão relacionadas sempre a uma tarefa a ser cumprida. Elas são estruturadas com o objetivo de atingir um propósito, de realizar uma ação específica. Além disso, como afirma Montmollin (1990), a competência está presente em todos os indivíduos. Ao contrário do significado comum da palavra, a competência em ergonomia não está relacionada à excelência de desempenho; não é competente somente aquele que executa sua tarefa com perfeição. A competência é inerente a todos os indivíduos e está mais ou menos "ajustada" ao trabalho a ser feito, dependendo das condições oferecidas ao sujeito para executá-lo. Todos podem ser competentes se o ambiente fornecer as condições necessárias.

No caso de Fernanda, ao introduzir um computador como ferramenta de trabalho novas competências se tornaram necessárias, pois ela teve que aprender a desenvolver novas ações, ou seja, adquirir conhecimentos e habilidades. O contexto modificado traz consigo outras situações-problema com as quais ela deve lidar. Logo, ela deve usar seus novos conhecimentos e os antigos a fim de construir estratégias para, por exemplo, atender ao telefone, dispensar atenção ao cliente que está à sua frente e resolver algum problema no computador. Ela deve também identificar em quais situações o computador apresenta problemas (p. ex: ele trava quando o número do CPF é inserido de forma incorreta) e deve criar alternativas para evitar o incidente. Outra situação possível é aquela em que o visitante, na hora de tirar a foto, sente-se constrangido, pois não se "arrumou" para a ocasião. Nesse caso, ela desenvolveu uma estratégia, a de "negociar" com o visitante a possibilidade de, na próxima visita, refazer a foto, substituindo a atual.

Nas três situações exemplificadas, as ações de Fernanda se modificam dependendo do cliente, da quantidade de pessoas na fila, do horário do expediente, do local para onde o visitante se dirige. Compreender essas variações e como ela usa suas competências para responder à dinâmica do trabalho permite ao ergonomista propor soluções em diferentes aspectos para reduzir o impacto destas situações e minimizar o efeito negativo tanto para o resultado do trabalho quanto para a sua saúde.

Para tanto, é importante entender como Fernanda compreende o contexto de trabalho, como ela seleciona (consciente ou inconscientemente) os aspectos mais importantes do trabalho, como ela articula seus conhecimentos para interpretar e agir na situação-problema. O conceito de representações para ação, discutido a seguir, permite evidenciar alguns desses elementos.

5.3.2 Representações para a ação

Como dito anteriormente, as competências são constituídas pelos conhecimentos e pelas estratégias que o indivíduo elabora. Para compreender melhor esse conceito, é interessante desvendar um pouco mais como os conhecimentos são armazenados e como se elaboram as estratégias que possibilitam a ação.

A representação é uma estrutura cognitiva, que pode ser um modelo mental, um mapa mental, uma imagem ou mesmo um esquema, cuja função é permitir que a pessoa possa compreender a situação na qual se encontra e recuperar seus conhecimentos para agir. O que isso significa?

Representações para ação:
- Representações mentais que atuam como elo entre sujeito e contexto;
- Apreensão de elementos de um contexto;
- Imagem operatória;
- Modelos mentais incompletos, pessoais e instáveis;
- Norteia a ação do indivíduo.

Imagine que você queira explicar a um conhecido como ele deve fazer para chegar à sua casa. Para isso você vai evocar um mapa mental, imaginar um caminho que tenha pontos de referência para ele se localizar: uma igreja ou uma lanchonete. Vai dizer a ele também qual é o melhor horário para evitar trânsito intenso. Talvez até indicar onde ele não deva ir, ou o caminho a evitar. Para evocar este mapa mental, você precisou se lembrar de informações sobre as vias de acesso, de incidentes que ocorreram quando você fazia o percurso ou de incidentes que outras pessoas sofreram. Talvez tenha que pensar qual é a melhor maneira de indicar o caminho para o colega: as referências podem ser diferentes dependendo do conhecimento que ele tem da cidade. Esse conjunto de conhecimentos que você evocou é uma forma de representação.

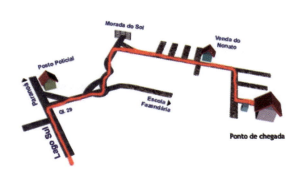

Também são representações os conhecimentos que você utiliza para realizar suas tarefas no trabalho. No caso de Fernanda, ela tem que se lembrar como operar o computador, como fazer para tirar fotos, inserir as informações e a função de cada uma das teclas do aplicativo que está usando.

Em geral não é necessário que Fernanda se lembre de tudo o que sabe sobre computadores ou das situações que presenciou enquanto recepcionista, para que desenvolva suas ações. As representações para a ação têm essa característica de evocar os conhecimentos, ou parte deles, que são mais relevantes para a situação que você está vivendo. Quando muda a situação, mudam também os conhecimentos utilizados para agir.

De forma geral, este conhecimento pode ser classificado como **declarativo** – conhecimento descritivo sobre a realidade –; é o "saber o quê" e **procedimental** – conhecimento sobre os procedimentos necessários para realizar uma ação – é o "saber como".

Tipos de conhecimentos/aprendizagem:

Conhecimentos procedimentais:
➤ Estão relacionados com ações, constituem o saber fazer, são dinâmicos.

Conhecimentos declarativos:
➤ Estão relacionados com fatos, trazem a propriedade, constituem saberes estáticos.

Por se tratar de conhecimentos, ou melhor, partes de conhecimentos, as representações estão associadas à memória da pessoa. A **memória** é de fundamental importância na vida. Enquanto processo cognitivo, ela não se refere somente ao armazenamento de informações. É necessário, antes de guardar um dado, codificá-lo como fato (ou nome, ou cheiro etc.). Da mesma forma, é preciso resgatar a informação em algum momento, ou seja, evocá-la da maneira mais apropriada ao contexto. Resumindo, a memória pode ser compreendida como um processo de codificação, armazenamento e recuperação – e não somente de manutenção de conhecimentos.

Os estudos sobre a memória buscam compreender como o conhecimento é mantido, recuperado e transformado, bem como os fatores que podem auxiliar ou dificultar esses processos. Um dos primeiros modelos sobre a memória foi proposto por Atkinson (1968 apud STERNBERG, 2000) e define sua estrutura em três níveis:

- memória sensorial: responsável pela manutenção, em curtíssimo espaço de tempo, dos estímulos captados pelos órgãos sensoriais;
- memória de curto prazo: manutenção dos estímulos relevantes por um período curto de tempo; e
- memória de longo prazo: onde as informações são armazenadas sem uma limitação temporal.

Outros modelos, mais aceitos atualmente, enfatizam a construção da memória em termos de memória de trabalho e de memória de longo prazo, a primeira sendo uma parte ativada da segunda. A memória de trabalho é o local onde os conhecimentos que necessitamos para realizar uma ação são ativados. Ela funciona como um gestor da memória, e as informações recuperadas são reconstruídas, a partir das informações que se encontram na memória de longo prazo (ANDERSON, 2000; BEST, 1995; STERNBERG, 2000).

Perspectivas alternativas:

Memória de Trabalho:
- Parte ativada da memória de longo prazo;
- Transfere os dados ativados para dentro e para fora da memória de curto prazo.

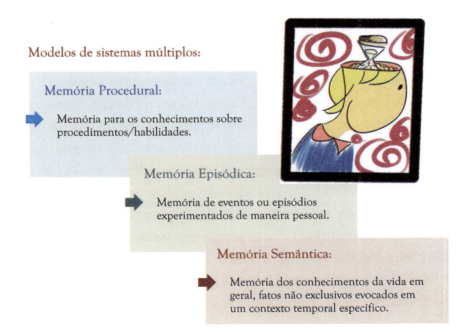

Modelos de sistemas múltiplos:

Memória Procedural:
- Memória para os conhecimentos sobre procedimentos/habilidades.

Memória Episódica:
- Memória de eventos ou episódios experimentados de maneira pessoal.

Memória Semântica:
- Memória dos conhecimentos da vida em geral, fatos não exclusivos evocados em um contexto temporal específico.

As representações construídas agregam, a cada recuperação, mais informações contidas no ambiente, reestruturando o modelo mental relacionado a ela, bem como a probabilidade de ativação (CAÑAS; ANTOLÍ; QUESADA, 2001). O modelo de memória de trabalho atribui à representação um caráter dinâmico, já que ela é reconstruída a cada evocação. Os modelos de memória podem ser resumidos em uma taxonomia proposta por Squire (1993 apud STERNBERG, 2000).

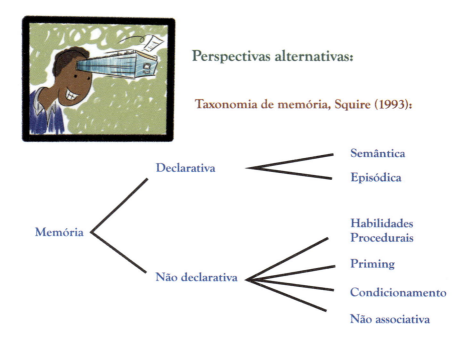

Vamos retomar o exemplo do trabalho de Fernanda para discutirmos um pouco questões associadas à memória, apoiados no modelo de Anderson (2000).

Fernanda possui um grande número de conhecimentos adquiridos ao longo de sua vida pessoal e profissional que foram aprendidos formalmente (em escolas, em treinamentos, em cursos etc.) e informalmente (em leituras, no dia-a-dia de trabalho, em programas de televisão etc.). Todas essas informações estão armazenadas na sua memória de longo prazo. Ela se lembra de algumas delas dependendo de onde estiver e/ou da necessidade. Quando ela evoca os procedimentos para tirar uma foto ou para transferir uma chamada telefônica para um ramal solicitado, estes conhecimentos são recuperados da memória de longo prazo e reconstruídos na memória de trabalho. Nela, ficam disponíveis os conhecimentos declarativos e procedimentais que são importantes para desenvolver as ações, ou que, por estarem fortemente associados a um estímulo do contexto, foram evocados. Quando a situação se altera, novos conhecimentos podem ser solicitados e alguns anteriormente evocados podem deixar de ser necessários, promovendo uma mudança no conteúdo da memória de trabalho.

Agora imaginemos que seus conhecimentos estejam organizados na memória de longo prazo, ligados uns aos outros, em forma de rede. Cada nó da rede, chamado de **unidade cognitiva**, corresponde a um traço de informação (ou uma parte dela). Quando você necessita de um dado, diferentes nós são ativados formando um padrão que corresponde ao conhecimento necessário ou desejado numa situação específica. Cada vez que este padrão é ativado, ou seja, que os nós da rede são ligados entre si, aumenta a probabilidade deles se ligarem novamente diante da mesma situação. Quando uma nova informação é solicitada, novas unidades cognitivas podem ser ativadas ou mesmo desativadas (inibidas), sempre visando a um número de unidades estritamente necessárias. Essa situação é característica de um processo econômico, pois, como já foi dito, nem sempre necessitamos, para agir, de todo o conhecimento que temos sobre o trabalho. Visto de outra forma, lembrar de tudo seria disfuncional, pois de toda forma teria que se proceder a uma escolha das informações pertinentes. As representações para ação já fazem isso para nós, automaticamente, com um mínimo de esforço.

Resumindo, o modelo mental (ou as representações para ação) constitui um conjunto de traços de informação recuperados na memória de longo prazo e ativados na memória de trabalho. O modelo de memória de trabalho, apoiado por uma organização em forma de redes, se aproxima dos conceitos de flexibilidade, plasticidade e unicidade das representações para ação adotados em ergonomia e com o princípio da economia cognitiva.

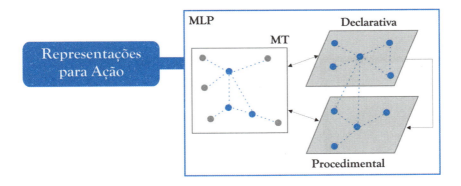

São os conhecimentos de Fernanda, reconstruídos na memória de trabalho, que compõem as suas representações para ação. É a combinação de conhecimentos da memória de trabalho, que dá forma às representações, que permite que Fernanda compreenda a situação de trabalho na qual ela está inserida e elabore as estratégias de ação possíveis.

O ergonomista, ao ter acesso às representações para ação dos trabalhadores, identifica os elementos que o auxiliam a propor alterações no aplicativo e/ou ambiente de trabalho de modo a facilitar a recuperação dos conhecimentos mais relevantes à ação. Da mesma forma, ele pode sugerir maneiras de facilitar a apreensão das informações ou mesmo de não sobrecarregar a memória de trabalho com informações que o ambiente pode fornecer. No exemplo de Fernanda, o aplicativo pode fornecer os dados do local onde o visitante deseja ir – sem que ela tenha que "decorar" todos os códigos. O aplicativo pode disponibilizar, também, um esquema dos andares com os principais pontos de referência para que ela explique ao visitante quando ele perguntar. A interface do computador pode estar adaptada à linguagem escrita e pictórica (imagens), facilitando a localização da informação buscada ou o cadastramento. Neste sentido, analisar as representações para ação é útil na transformação do trabalho de Fernanda adaptando-o às suas competências e facilitando a sua aprendizagem.

Em ergonomia, considera-se que as representações são elaboradas no decorrer da atividade, com o objetivo de possibilitar ações futuras (daí o nome de **representações para ação**). Elas possuem como principais características o fato de serem:

- **Funcionais** – pois estão relacionadas a uma ação específica;
- **Operativas** – voltadas para a execução, de maior ou menor efetividade;
- **Dinâmicas** – estão sempre sendo alteradas em função das experiências do indivíduo;
- **Subjetivas** – dado que são únicas e diferem de indivíduo para indivíduo;
- **Compósitas** – já que as representações são compostas por um conjunto de elementos, muitas vezes comuns a outras representações (TEIGER, 1993).

Características das representações para ação:

- Processos mentais ativos para apropriação das situações;
- Construir significados sobre uma situação - caráter finalístico;
- Processo qualitativo de (re)estruturação constante e reorganização dos conteúdos - processo de aprendizagem;
- Desenvolvimento contínuo;
- O processo representativo não é cristalizado.

As representações quase sempre são concisas, agregando os elementos essenciais para a sua compreensão e utilização. Assim, são lacunares em sua constituição, resultando – por um lado – em extrema economia do processamento cognitivo, mas – por outro – também em modelos incompletos da realidade.

No entanto, não basta para o ergonomista compreender como as informações são armazenadas em forma de representações que determinam a ação mais adequada ao contexto. Para se ter clareza da competência dos indivíduos, é fundamental estudar como o processo mental se manifesta na ação. Em outras palavras, é preciso entender como o conhecimento que está na memória é utilizado para decidir e, em última análise, agir. Essa compreensão permite agregar aos artefatos e à organização do trabalho suportes que auxilie tanto na evocação de informações quanto na construção de uma representação compatível com as exigências da tarefa.

5.3.3 Estratégias operatórias

O conceito de estratégia operatória é utilizado para definir o conjunto ordenado de passos que envolvem o raciocínio e a resolução de problemas, possibilitando a ação (MONTMOLLIN, 1990). Entende-se por estratégia operatória, um processo de regulação desenvolvido pelo trabalhador, visando organizar suas competências para responder às exigências da tarefa e aos seus limites pessoais. A estratégia operatória envolve mecanismos cognitivos como atenção e resolução de problemas, resultando em um conjunto de ações denominadas "modo operatório".

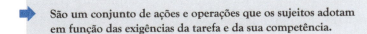

Modos Operatórios

Os modos operatórios adotados pelos trabalhadores são resultado de um compromisso que articula:

- Os objetivos exigidos;
- Os meios de trabalho;
- O seu estado interno;
- Os resultados produzidos ou ao menos a informação de que dispõe o trabalhador sobre eles.

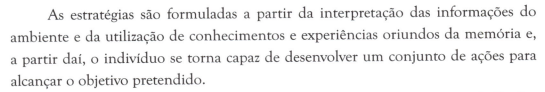

São um conjunto de ações e operações que os sujeitos adotam em função das exigências da tarefa e da sua competência.

As estratégias são formuladas a partir da interpretação das informações do ambiente e da utilização de conhecimentos e experiências oriundos da memória e, a partir daí, o indivíduo se torna capaz de desenvolver um conjunto de ações para alcançar o objetivo pretendido.

A ação resulta, por um lado, das **representações** que permitem ao trabalhador resgatar os conhecimentos necessários para entender a situação e, por outro, das **estratégias operatórias** que são planejamentos que as pessoas fazem e reelaboram no processo de regulação do trabalho.

Estratégias Operatórias

Processos cognitivos envolvidos:

- Resolução de Problemas;
- Tomada de Decisão.

 Estratégia operatória é um processo de regulação que envolve mecanismos cognitivos como a categorização, a resolução de problemas e a tomada de decisão, e que resulta em um modo operatório.

Quando o ergonomista analisa as estratégias operatórias dos trabalhadores ele pode compreender quais são os artifícios adotados para atingir os objetivos e as metas determinadas pela tarefa. É possível, então, identificar as situações mais propensas a "erros", insucessos ou a incidentes críticos e os fatores a eles correlacionados.

Fernanda provavelmente age diferentemente quando somente uma pessoa espera para ser atendida ou quando ela se encontra confrontada com uma fila. Ela pode agrupar os visitantes de acordo com o que eles necessitam e dar preferência a um ou a outro caso. Em um dia específico, ela pode receber a recomendação de priorizar o acesso aos visitantes de uma determinada empresa em função da atividade, ou mesmo de um evento ou, ainda, da importância do visitante. Pode acontecer que um dos elevadores se encontre em manutenção, fazendo com que ela modifique o atendimento, tanto acelerando o cadastramento quanto indicando caminhos alternativos em razão do acúmulo de pessoas no único elevador. Ou, ainda, uma pane de energia elétrica, exigindo que ela adote outros procedimentos para cadastrar – garantindo a segurança do sistema e das pessoas.

Enfim, todas as modificações na rotina do trabalho exigem a construção de estratégias operatórias para que os resultados da ação não sejam comprometidos. O ergonomista pode analisar estas situações e propor alterações de modo que o custo desta gestão seja menor para Fernanda.

Para que o trabalhador possa criar estratégias e efetivar essa gestão ele necessita de diferentes tipos de informações. Vale lembrar que elas são organizadas na forma de representações, que, por sua vez, dependem da memória. Além disso, outros processos estão em ação nas estratégias operatórias, auxiliando a definir o quanto um procedimento pode ser mais oneroso do que outro.

Quando Fernanda está atendendo um visitante e o telefone toca, ela deve decidir sobre a pertinência de atender à chamada. Embora aparentemente seja simples, muitos elementos são articulados no decorrer do seu processo de decisão. Dentre eles, um merece ser destacado: o processo atencional. Uma questão que poderia ser feita é: a tarefa que Fernanda está realizando exige muita atenção? Algumas situações requerem uma concentração elevada para evitar "erros" e, portanto, retrabalho. Se Fernanda está digitando os dados do cliente presencial (aquele que está à sua frente) e o modo de inserção não corresponde ao previsto no aplicativo, pode gerar algum tipo de incidente (p. ex: travar o sistema), atender ao telefone não é recomendável. Por quê?

Para entendermos os problemas de Fernanda na execução simultânea das duas tarefas é preciso compreender um pouco melhor o processo cognitivo de atenção e como ele influencia as nossas ações.

Tipos de atenção:

- Seletiva: escolha do foco de atenção, enfatizando ou ignorando estímulos;
- Vigilância: espera passiva por estímulos do ambiente/contexto;
- Sondagem: busca ativa por sinais e estímulos do ambiente/contexto;
- Dividida: alocação de recursos de atenção para mais de uma tarefa;

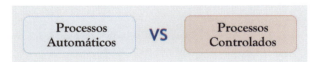

A atenção é comumente definida como um processamento ativo de uma quantidade específica de informações, existentes no ambiente e na memória (MATLIN, 2004). Desta forma, a solicitação da atenção está relacionada à quantidade de estímulos diferenciados presentes em cada situação. Nesse sentido, seria inviável para o ser humano processar cada um dos inúmeros elementos do contexto. As teorias sobre a atenção buscam explicitar como o ser humano processa determinadas informações, privilegiando umas em detrimento de outras, e quais são as consequências para o seu desempenho em determinadas tarefas.

Independentemente do quão bem o ser humano pode processar informações, nossa capacidade de captura dos dados no ambiente (percepção), de tratamento e armazenamento das informações (cognição) é limitada. Quando executamos várias tarefas ao mesmo tempo notamos o quanto uma resposta simples pode se tornar difícil. Por exemplo, quando aprendemos a dirigir quase tudo nesta tarefa requer atenção. Desde calcular a distância do carro da frente, passando por verificar se o sinal está aberto, até olhar para o velocímetro a fim de saber se já é o momento de mudarmos a marcha (em alguns casos, é preciso até olhar para o câmbio). São tantos elementos que mesmo conversar fica difícil, quase como se falar atrapalhasse a análise das outras variáveis envolvidas. De fato atrapalha! Conversar, mesmo amenidades, exige capacidade de processamento de informações que, no exemplo, deveria estar disponível para a atividade principal.

Na medida em que nos tornamos mais experientes, há uma tendência em automatizar algumas partes das tarefas. Automatizar significa sair de uma situação de controle, na qual depositamos muita atenção no que estamos fazendo, para uma situação em que agimos aparentemente sem precisar controlar, com pouca solicitação de atenção e esforço, uma questão de economia do processamento cognitivo.

Procedimentalização:

"Procedimentalização" - Anderson (1982) - transformação de conhecimentos elaborados em versões que não necessitam mais da evocação de conhecimentos declarativos - criação de procedimentos específicos para uma situação específica em determinado campo da atividade. As variáveis são substituídas por valores.

Dois tempos:

1. Sujeito utiliza conhecimentos declarativos para elaborar um conjunto de produções.

2. Processo de composição e de procedimentalização - transformação gradual das produções em procedimentos cada vez mais especializados.

No exemplo do carro, quando o motorista se torna mais experiente, ele pode conversar com o passageiro ao mesmo tempo em que analisa as diferentes situações que ocorrem ao longo do seu percurso. Quando perguntamos a alguém detalhes sobre a sua tarefa no final da jornada, a menos que tenha ocorrido algo fora do comum, ele não se lembrará de muita coisa. A automatização permite, então, que possamos agir cada vez mais com menos esforço, logo, podemos também realizar diferentes tarefas simultaneamente, desde que não seja durante um tempo longo.

Algumas vezes, as tarefas que realizamos simultaneamente concorrem pelos mesmos sentidos perceptivos e pelo mesmo tipo de raciocínio, comprometendo a nossa capacidade de processamento. Alguns estudos buscam compreender o efeito das tarefas concorrentes no desempenho dos indivíduos (o conhecido "fazer duas coisas ao mesmo tempo"), visando identificar o limite da capacidade de processamento humano. A similaridade dos elementos constituintes das tarefas concorrentes, por exemplo, é um fator que afeta o desempenho geral.

O processo atencional não ocorre sob nosso controle total; muitas vezes, prestamos atenção em estímulos que não gostaríamos, independentemente da nossa vontade. Mesmo assim, é possível, até certo ponto, controlar o foco de nossa atenção para estímulos ou contextos específicos, "filtrando" as informações irrelevantes para a execução de determinada tarefa. É importante considerar, no entanto, que a natureza dos estímulos do contexto pode facilitar ou interferir no controle consciente da ação. Estímulos muito discrepantes no contexto de trabalho, por exemplo, podem desviar o foco de atenção.

Suponhamos uma situação em que Fernanda atende ao telefone e no mesmo momento outro cliente solicita uma informação no balcão. Trata-se de uma tarefa concorrente. Em ambos os atendimentos, ela se encontra em uma situação em que as informações auditivas fornecidas pelos clientes concorrem pela sua atenção. Além disso, Fernanda precisa acionar o computador para obter informações e inserir dados. Nessa condição, ela elabora uma estratégia que permita responder às tarefas/demandas concorrentes. Ela pode sinalizar ao cliente para que ele aguarde um momento ou pode pedir à pessoa ao telefone que espere enquanto registra os seus dados no computador. Em ambos os casos, há uma tentativa de selecionar para onde a atenção deve ser dirigida. Esse fazer de Fernanda no qual ela é solicitada a realizar simultaneamente atividades diferentes explica, em parte, possíveis "erros" e suas queixas de cansaço no final da jornada.

Na prescrição das tarefas podem ser previstos eventos para os quais ela tem um suporte da organização. No entanto, é comum ocorrerem fatos para os quais Fernanda deve elaborar novas estratégias operatórias a fim de cumprir os objetivos. Nesse sentido, é também possível compreender a situação de trabalho como um contexto de diagnóstico e resolução de problemas.

Ao estudar a **resolução de problemas** buscamos compreender como os diferentes elementos de uma determinada situação são analisados e como os indivíduos utilizam as informações disponíveis para construir uma representação mental do problema e gerar soluções.

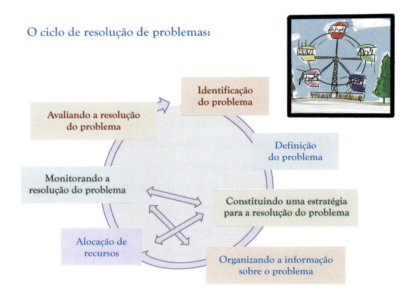

Ciclo de resolução de problemas (Sternberg, 2000).

Uma das teorias mais aceitas sobre o processo de resolução de problemas foi proposta por Newell e Simon (1972). Eles compreendem que um problema pode ser descrito pelo seu:

- **estado inicial**, que se refere ao entendimento de qual é o problema;
- **estado final**, que diz respeito aos objetivos a serem alcançados, o que se espera como solução; e
- **espaço do problema**, composto pela representação das alternativas possíveis de resolução, bem como dos obstáculos existentes.

Segundo essa teoria, a resolução de problemas é um processo que engloba a análise dos elementos do problema e a busca pela estratégia mais adequada.

 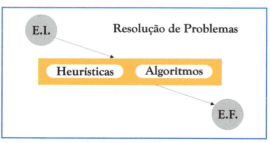

Adaptado de Newell e Simon (1972).

Os problemas podem ser definidos em função das informações que disponibilizam. Os problemas bem-estruturados são aqueles que apresentam claramente o estado inicial, o estado final desejado e os procedimentos e obstáculos para sua solução. Os problemas mal-estruturados, por sua vez, não disponibilizam informações suficientemente estruturadas que permitam a construção do espaço do problema. O indivíduo não é capaz de interpretar, com precisão, como resolver o problema (ANDERSON, 1993; QUESADA; CAÑAS; ANTOLÍ, 2000; QUESADA; KINTSCH; GOMEZ, 2002; STERNBERG, 2000). A representação do espaço do problema, que é construída pelo indivíduo no momento da resolução, está relacionada à clareza das informações disponibilizadas e à experiência anterior do sujeito, e quanto mais correta for essa representação, maiores serão as chances de resolução (KEREN, 1984).

As situações-problema podem ser caracterizadas como sendo:

- dinâmicas, pois ações anteriores podem determinar mudanças no ambiente e o ambiente da tarefa pode mudar sem a interferência do sujeito;
- limitadas temporalmente, porque as decisões têm que ser tomadas em um tempo específico; e
- complexas, já que as variáveis não estão relacionadas linearmente entre si.

Ao considerarmos essas três características da situação-problema e o fato de que os recursos cognitivos são limitados, a análise de todos os elementos do contexto e de todas as alternativas de ação disponíveis é impossível (HOLYOAK, 1990).

Teoria Clássica Vs. Eliminação por Aspectos:

➡ Teoria Clássica (raciocínio algorítmico)
- São modelos antigos de economistas, estatísticos e filósofos.
- Preconizam o homem e a mulher econômicos.

➡ Eliminação por Aspectos (raciocínio heurístico)
- Racionalidade limitada: focalização de uma opção dentre os elementos disponíveis para a resolução do problema.
- Apoiado em um critério, eliminam-se as opções inadequadas.
- Essa eliminação pode se dar por meio de vieses e heurísticas.

Três características dos tomadores de decisão:
➡ Têm consciência de todas as opções e resultados possíveis;
➡ São sensíveis às diferenças entre as opções de decisões;
➡ São racionais quanto à escolha de opções.

Para agir nesse contexto, os indivíduos se utilizam de "atalhos mentais", denominados heurísticas, com o intuito de agilizar os processos de decisão e resolução de problemas utilizando o mínimo dos recursos disponíveis (GINGERENZER; TODD;

ABC GROUP, 1999; HOLYOAK, 1990; MARMARAS; KONTOGIANIS, 2001; STERNBERG, 2000).

Fernanda fornece muitas informações durante sua jornada de trabalho. Pode haver uma determinada informação que é solicitada por várias pessoas. Naturalmente, essa informação, mesmo que ela não queira, está armazenada na sua memória e pode ser recuperada rapidamente. Esse processo evita que ela tenha que acessar o computador, digitar a pergunta, esperar o programa processar, interpretar a resposta e informar ao cliente. A disponibilidade da informação na memória de Fernanda é uma **heurística de disponibilidade**.

Outro exemplo são os chamados estereótipos sociais. A maioria dos registros hidráulicos, como as torneiras, possuem um padrão de acionamento: elas abrem no sentido anti-horário e fecham no sentido horário. Quando usamos uma torneira em qualquer ambiente, não ficamos testando para saber de que lado ela abre e nem ficamos pensando em como fazer para fechá-la. O mais comum é julgarmos que esta torneira específica funciona como a maioria das torneiras. Esse tipo de raciocínio é uma heurística de representatividade, ou seja, julgamos um evento particular de acordo com categorias que cada um construiu em suas mentes. Quando uma válvula ou um dispositivo não obedece a esses estereótipos, a sua operação pode se tornar uma fonte de incidente ou mesmo de acidente.

Heurísticas mais frequentes:

Heurística da Representatividade:
É o processo pelo qual julgamos a probabilidade de um evento incerto de acordo com a sua similaridade ou representatividade em relação à situação da qual se origina.

Heurística da Disponibilidade:
Está associada à facilidade de uma determinada informação sobre um evento estar disponível na memória.

Imaginemos uma pessoa que nunca tenha lidado com sistemas informatizados (p. ex: Internet, computadores, terminais de auto-atendimento etc.). Se ela tiver que utilizar algum deles, sem treinamento, provavelmente não deve ter uma representação adequada ao contexto. Caso não desista, ela tentará alguma coisa, mesmo que não saiba exatamente onde chegará. Provavelmente o sistema emitirá uma resposta, que será analisada e influenciará o próximo passo. Na linguagem do cotidiano essa estratégia é chamada de "tentativa e erro". Ela também é uma heurística, denominada gerar e testar.

As heurísticas mais comuns dizem respeito a utilizar a estratégia de solução mais facilmente recuperada na memória (disponibilidade), ou a que melhor represente a solução para problemas de categorias semelhantes (representatividade). A utilização de heurísticas, justamente por serem baseadas em análises parciais da situação, apesar do lado positivo de economizar recursos cognitivos e acelerar a tomada de decisão, pode aumentar a probabilidade de insucessos, de "erros", incidentes e acidentes, em função de uma interpretação ou percepção inadequada dos elementos do contexto.

Estes processos fazem parte da competência do operador em utilizar seus conhecimentos e representações, gerando estratégias operatórias que culminem na ação mais adequada para a realização do trabalho. Os processos de atenção e categorização auxiliam o indivíduo a determinar o que analisar na situação de trabalho e quais representações e conhecimentos buscar na memória de longo prazo para solucionar o problema.

O conteúdo apresentado ao longo deste capítulo nos permite afirmar que toda atividade humana, independentemente de sua repetitividade ou de sua natureza, resulta de um processamento cognitivo. Ele é solicitado de forma diferenciada conforme a nossa experiência, as competências de que somos portadores e as condições que o meio oferece para que possamos agir.

Consideramos que os conhecimentos produzidos a respeito do funcionamento percepto-cognitivo humano evoluíram de forma significativa nos últimos anos. No entanto, muitos desses conhecimentos ainda precisam ser consolidados e validados, sobretudo aqueles relativos ao processamento cognitivo humano considerando a sua característica situada e finalística. Nessa perspectiva, convidamos os usuários deste material a contribuir neste processo.

6 Método

6.1 Introdução

Ao longo do livro discutimos como o ergonomista pode atuar em diferentes contextos para responder a demandas de natureza diversificada. Essa amplitude de ação requer um conjunto de procedimentos e técnicas com características especiais. Vamos tratar a respeito destas características, de seus pressupostos e das principais etapas do método ergonômico.

Em Ergonomia não há um modelo predeterminado de ação. O que existe são princípios comuns, oriundos de conhecimentos gerais. Contudo, se por um lado cada demanda apresenta elementos que nos permitem compreendê-la à luz de trabalhos anteriores, por outro, apresenta particularidades para as quais nem sempre é possível fornecer soluções preestabelecidas, completas e suficientes para serem simplesmente aplicadas aos problemas colocados. A realidade tem demonstrado o quanto uma abordagem restrita pode gerar resultados insatisfatórios quando da aplicação de conhecimentos gerais e de sua reprodução.

A abordagem metodológica proposta pela Ergonomia, a Análise Ergonômica do Trabalho (AET), que é estruturada em várias etapas que se encadeiam com o objetivo de compreender e transformar o trabalho. Podemos dizer que ela constitui um método bastante aberto, uma vez que as ferramentas usuais da coleta de dados podem variar, pois a sua escolha é feita em função da natureza dos problemas colocados no momento da demanda.

Há uma diferença significativa entre a AET e os métodos científicos tradicionais. Embora o ergonomista disponha de um corpo de conhecimento sobre o ser humano em atividade de trabalho, cada situação de análise guarda peculiaridades.

Compreender o trabalho é sempre um desafio, ele é fruto de um emaranhado de variáveis que precisam ser apreendidas em um determinado contexto. Esse desafio pode ser considerado como o fio condutor que guiou inúmeros pesquisadores e profissionais, desde Pacaud, Ombredane, Faverge, Wisner, e tantos outros, a um incessante trabalho de pesquisa, que resultou no método (vide GUÉRIN; LAVILLE; DANIELLOU; DURAFFOURG; KERGUELIN, 2001) que hoje pode ser considerado suficientemente estruturado, aberto, útil e validado.

Algumas questões nortearam a construção deste módulo:

- A Análise Ergonômica do Trabalho fornece elementos significativos que permitem a melhoria do conteúdo das tarefas e da organização do trabalho?
- Este método permite a construção de conhecimentos sobre o trabalhar que sejam úteis para outras situações?
- E para o desenvolvimento científico da ergonomia e de outras áreas do conhecimento?

6.2 O método AET

Quando nos reportamos à AET enquanto método, estamos nos referindo a um conjunto de etapas e ações que mantém uma coerência interna, principalmente quanto à possibilidade de se questionar os resultados obtidos durante a coleta de dados, validando-os ao longo do processo e aproximando-os mais da realidade pesquisada. Diferentemente dos métodos científicos tradicionais, em que as hipóteses são previamente elaboradas e explicitadas, na AET elas são construídas, validadas e/ou refutadas ao longo do processo.

Análise Ergonômica do Trabalho (AET)

A abordagem metodológica em ergonomia possui duas características essenciais:

➡ Sentido ascendente de investigação;

➡ Flexibilidade do delineamento.

> Estas características permitem investigar o trabalho real do sujeito, respeitando a sua variabilidade, assim como da situação de trabalho e dos instrumentos.

Da mesma forma, essa abordagem permite revelar a complexidade do trabalhar. Trata-se de um princípio fundamental, pois é durante o processo de intervenção/construção do conhecimento, que ocorre a transformação das representações sobre a atividade das pessoas, do ergonomista, do pesquisador, dos outros atores sociais envolvidos e, também, dos próprios trabalhadores. Dessa forma, é possível construir um "espaço" na empresa/instituição para transformações efetivas no conteúdo das tarefas e na organização do trabalho.

Enquanto metodologia, a AET pressupõe a utilização de distintas técnicas, cuja importância para análise depende da problemática e da configuração da demanda. As observações globais e sistemáticas naturalmente adquirem um espaço privilegiado na intervenção. No entanto, outros instrumentos são frequentemente adotados ao longo do percurso metodológico, entre eles as entrevistas e os questionários.

A AET evolui segundo os desafios do contexto. A sua estrutura, apoiada em conceitos, hoje melhor explicitados, como a atividade enquanto algo próprio ao sujeito, mas definida, permitida e constrangida pela tarefa e seus determinantes, confere singularidade a este tipo de abordagem. Entretanto, a sua compreensão não é possível sem um entendimento anterior da tarefa e de seus determinantes. Participar e/ou conduzir uma AET não deve se restringir a uma série de descrições dos gestos, das posturas e das ações. Devemos também, num determinado contexto, considerar os aspectos da ação das pessoas como sendo significativo para os resultados da atividade, tanto em termos da saúde dos trabalhadores, quanto para o resultado da produção, no que se refere à qualidade e à produtividade. Portanto, analisar a atividade é construir sentido para os atores da AET e para aqueles que vão interagir ao longo do processo e validar os resultados. A AET não propõe uma descrição do trabalho que se encaixe em um modelo determinado previamente, por exemplo, em listas de verificação, mesmo sendo elas úteis em alguns contextos como ferramentas auxiliares à análise.

As etapas da ação ergonômica:

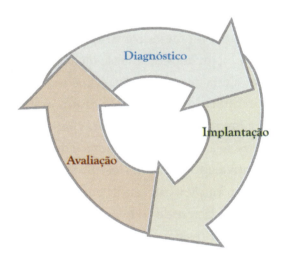

Uma ação ergonômica comporta as seguintes fases:
- Análise da demanda;
- Coleta de informações sobre a empresa;
- Levantamento das características da população;
- Escolha das situações de análise;
- Análise do processo técnico e da tarefa;
- Observações globais e abertas da atividade;
- Elaboração de um pré-diagnóstico – hipóteses explicativas de nível 2;
- Observações sistemáticas – análise dos dados;
- Validação;

- Diagnóstico; e
- Recomendações e transformação.

Cada uma dessas fases deve integrar as bases da abordagem ergonômica que pressupõe:

- Estudo centrado na atividade real de trabalho;
- Globalidade da situação de trabalho; e
- Consideração da variabilidade, tanto a decorrente da tecnologia e da produção quanto a dos trabalhadores.

Na análise da atividade, a presença do ergonomista na situação de trabalho e durante a sua realização é um fator determinante. Essa presença constitui uma das diferenças fundamentais entre a ergonomia e as outras abordagens do trabalho.

A metodologia apresentada não deve ser considerada como uma série de procedimentos a serem aplicados, uns após os outros. Trata-se de assegurar a possibilidade de ajustes e regulações introduzidas durante toda a ação na busca da qualidade dos resultados, isto é, uma transformação efetiva, que pode ser avaliada em termos da satisfação dos trabalhadores, da redução dos riscos à saúde e da melhoria da produção.

A demonstração das hipóteses construídas no processo constitui o eixo central que determina o direcionamento da análise da atividade. Contudo, outros objetivos devem ser integrados a esta demonstração. A análise da atividade não pode se restringir apenas a um procedimento de verificação de hipóteses, mas deve manter uma abertura à observação e à investigação dos elementos úteis ao aprofundamento e à compreensão da atividade, ou seja, o que a condiciona e quais são suas consequências.

A análise da atividade questiona os métodos utilizados habitualmente para definir os meios de produção, colocando em evidência a forma como acontece a confrontação entre as características do trabalho e as dos trabalhadores (tanto em termos fisiológicos quanto psicológicos), que se transformam constantemente, em função das competências, da idade e das condições de trabalho. Ela fornece elementos explicativos de como a confrontação entre as características das pessoas e os constrangimentos do trabalho influenciam os trabalhadores e a produção.

As dimensões coletivas da atividade:

Fatores externos ao trabalhador:
➜ As formas de interações entre atividades;
➜ Conhecer o trabalho do outro;
➜ As comunicações no trabalho.

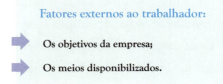

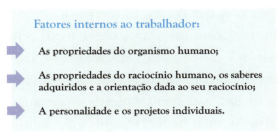

Os princípios teóricos e metodológicos aqui utilizados foram construídos com referência à metodologia proposta por Guérin, Laville, Daniellou, Duraffourg e Kerguelen (2001). A necessária linearidade de apresentação, um recurso pedagógico, não implica necessariamente que as fases propostas no modelo sejam seguidas umas após as outras. Muitas vezes, o ergonomista, ao se confrontar com a realidade de trabalho, vê-se obrigado, em razão dos resultados de uma etapa, a buscar novos dados na fase anterior. Portanto, é um método interativo, apropriado para revelar a complexidade do trabalhar.

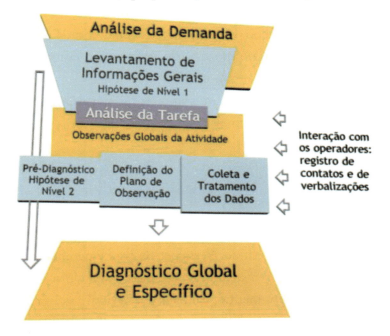

GUÉRIN; LAVILLE; DANIELLOU; DURAFFOURG; KERGUELEN (2001).

Avaliar a demanda, entender o contexto técnico-operacional, analisar dados referentes ao contexto socioeconômico em que a situação de trabalho está inserida, estudar documentos relativos à divisão do trabalho, ao processo de produção, à organização dos tempos, às características da população, não são etapas frias e estanques de um método a ser seguido linearmente. Essas etapas são consideradas fundamentais para a compreensão do trabalhar, condição *sine qua non* para transformar. Podemos, então, reduzir o risco de, como afirma Laville (1968), aplicar conhecimentos sobre o ser humano para transformar uma tarefa e piorar a situação dos trabalhadores.

O pressuposto subjacente a esse modelo implica decompor a atividade para recompô-la, sob novas bases, considerando a análise da atividade e o envolvimento do trabalhador no processo. Os dados resultantes desse procedimento são tratados a fim de distinguir os elementos que de uma maneira ou de outra influenciam a atividade. Dentre os mais frequentemente analisados, podemos distinguir:

- A empresa;
- A população;
- Os postos de trabalho;
- O tecido industrial;
- Os procedimentos prescritos, as exigências de qualidade e produtividade;
- As relações hierárquicas e as relações entre pares;
- As condições de manutenção e suas influências sobre a tarefa; e
- As exigências de interação do sistema como condição para execução de uma tarefa.

Após essa apresentação geral da AET, vamos explicitar cada uma de suas etapas principais, destacando seu papel no processo de intervenção/construção do conhecimento, isto é, o processo de ação ergonômica.

Antes de detalhar o método, vamos apresentar um exemplo ilustrativo que será retomado em suas diferentes etapas.

Um grupo de funcionários de uma gráfica, por meio do seu sindicato, solicitou a análise de um órgão público para averiguar os riscos à saúde inerentes ao seu trabalho. Alguns anos antes, uma perícia judicial havia definido que os trabalhadores teriam direito de receber o adicional de insalubridade em decorrência da exposição a produtos químicos, à temperatura elevada e ao ruído. Nessa perícia também foram apontados alguns problemas ligados aos baixos níveis de iluminação e aos riscos de acidente decorrentes da manipulação de algumas ferramentas. Naquela época houve satisfação, pois haveria um ganho salarial, mesmo que modesto, para todos que ali trabalhavam. Entretanto, com o passar do tempo, alguns trabalhadores começaram a apresentar problemas de saúde e aqueles que haviam se aposentado também não estavam bem de saúde. Essa situação levou à evolução das discussões, primeiro entre os trabalhadores da empresa e depois com o sindicato. Após um período de negociações com os representantes da gráfica, chegou-se a um acordo para se realizar uma avaliação mais aprofundada e buscar soluções que reduzissem ou eliminassem os riscos.

A gráfica se situa no subsolo do prédio e ocupa aproximadamente 100 m², divididos em cinco salas: impressão (ocupa a maior parte), corte, arte, manutenção e escritório. Ao todo são 25 funcionários, incluindo o gerente. Cada setor possui um efetivo diferente e em dois setores o trabalho é realizado em turnos fixos, conforme os dados abaixo:

- **Acabamento** – 1º turno (2 funcionários); 2º (2 pessoas);
- **Escritório** – 6 funcionários (jornada de 8 horas, comercial);
- **Arte** – 2 funcionários (jornada de 8 horas, comercial);
- **Manutenção** – 4 funcionários (jornada de 8 horas, comercial);
- **Impressão** – 1º turno (3 funcionários); 2º (4 funcionários); 3º (2 funcionários).

No Setor de Acabamento são realizados os cortes, as colagens e as dobraduras do material impresso. As principais queixas nesse setor estão relacionadas ao ruído das máquinas, tanto de corte quanto de dobra. Outra queixa refere-se à temperatura, percebida como pouco confortável, já que o sistema de ventilação é feito por meio de circuladores de ar e exaustores centrais que não permitem uma regulagem de acordo com a temperatura do ambiente.

No Escritório os funcionários realizam tarefas de atendimento aos clientes internos da empresa/instituição e fornecedores, bem como a gestão da produção e de pessoal.

No setor de Arte são realizadas as tarefas de criação dos produtos, revelação, correção e acabamento dos fotolitos.

O Setor de Manutenção responde pelo funcionamento, prevenção, conserto e reparação dos equipamentos. Nesses setores as queixas são similares em função da natureza das tarefas, que exigem atenção concentrada, frequentemente perturbada pelo som acumulado oriundo das máquinas dos outros setores. Por vezes, alguns funcionários se queixam do cheiro das tintas e dos solventes usados na impressão.

No Setor de Impressão é impresso todo o material. O uso das máquinas difere segundo o trabalho solicitado. Por exemplo, nas duas máquinas grandes localizadas no centro da sala são impressos os jornais e cartazes. Os panfletos e "santinhos" são impressos na máquina pequena, no canto esquerdo do salão. As principais queixas referem-se ao contato com os produtos químicos: as tintas, os solventes, os produtos para limpeza das máquinas e os detergentes. Esse contato resulta da manipulação direta e indireta e, principalmente, da sua aspiração constante. Os funcionários de todos os turnos relatam problemas respiratórios, mãos e antebraços ressecados (com pequenos cortes), olhos irritados e alteração do apetite. Além disso, eles se queixam também do ruído emitido pelas máquinas do próprio setor e a do Acabamento.

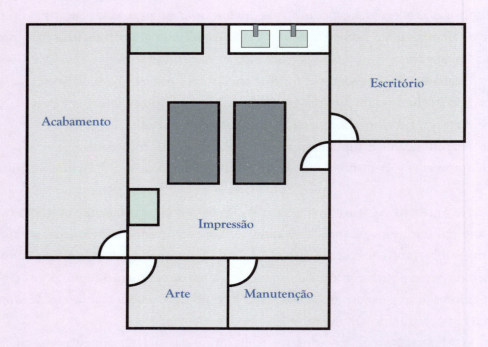

Vista superior da gráfica

A chefia argumenta que, apesar do quadro parecer ruim, há pouca visita ao serviço médico e que foram comprados Equipamentos de Proteção Individual (EPIs), como luvas de borracha, protetores auriculares e máscaras. Mas, na opinião do responsável, o grande problema é que os "*funcionários insistem em não usar os equipamentos de proteção, pois eles não têm consciência dos riscos que correm*".

Se nos ativermos apenas a essa representação do problema, bastaria treinar os trabalhadores para usar esses equipamentos e ele estaria resolvido. Como muitos advogam, bastaria "conscientizar" os trabalhadores para que começassem a adotar os procedimentos de proteção prescritos. Considera-se que esta visão do mundo é restrita e não representa o problema na sua complexidade e, também, não estão aí colocados outros pontos de vista. Afinal, qual seria o problema a ser tratado, como construir uma representação mais rica e compartilhada pelos atores sociais?

Para responder à questão, é pertinente retomarmos a apresentação da abordagem metodológica ergonômica, iniciando pelo papel central da análise da demanda no processo de intervenção.

6.2.1 Análise da demanda

A ação ergonômica é um processo singular que tem seu início a partir de uma demanda socialmente estabelecida. Os contornos e as formas vão se transformando no contato com a realidade de trabalho, determinando a evolução das etapas, as fases do processo de trabalho a serem privilegiadas e os recortes da realidade a serem definidos.

Uma demanda pode, muitas vezes, apresentar objetivos ambíguos, contraditórios, escondidos. Pode também trazer no seu bojo conflitos entre os atores sociais. Por isso, sua análise e reformulação são aspectos essenciais da abordagem ergonômica.

A instrução da demanda:

➡ Reformular os problemas colocados;

➡ Todos os integrantes da empresa estão potencialmente implicados;

➡ A pertinência vai depender de como se articula, mesmo as contradições.

Retomemos o exemplo da gráfica cuja demanda inicial foi circunscrita a agentes ambientais que apresentam riscos à saúde. Em primeiro lugar, vamos analisar a origem e o contexto da solicitação. A dimensão política inerente a este órgão não deve ser ignorada e cabe ao ergonomista analisar a sua influência no contexto. Em segundo lugar, devem ser considerados os argumentos que fundamentam a demanda, que também são de natureza política. Os trabalhadores se sentem injustiçados, pois acreditam que o seu trabalho não deve ser insalubre e que o adicional pago não é suficiente para lhes assegurar a saúde. Um possível aumento no adicional de insalubridade seria apenas um pequeno adicional à remuneração, mantendo a situação insalubre e, com ela, os riscos para a saúde dos indivíduos. É apenas uma ilusão, um aumento na remuneração e talvez uma aposentadoria precoce. Mas em quais condições? Por isso eles questionam a situação atual. Outra dimensão pertinente na composição da demanda seria indagar por que esses funcionários não procuram o serviço médico.

Caso a ação ergonômica fosse conduzida somente pela formulação inicial, o trabalho de análise se restringiria aos fatores relacionados às condições de trabalho, priorizando determinados aspectos (como temperatura, ventilação, equipamentos e materiais) em detrimento de outros (como organização do trabalho).

A análise da demanda visa:

- Formalizar as diferentes informações;
- Compreender melhor a natureza das questões e os problemas concretos dos operadores;
- Estabelecer o ponto de partida para as fases subsequentes da ação;
- Avaliar a amplitude do problema levantado;
- Identificar as diferentes lógicas sobre o mesmo problema.

A formulação inicial da demanda, geralmente, é colocada em termos de problemas a serem resolvidos isolados do contexto. A sua análise permite reformular e hierarquizar os diferentes problemas colocados, articulá-los e, algumas vezes, pode até mesmo evidenciar novos problemas.

A releitura da demanda pode ser aprofundada, considerando a possibilidade de que a intenção dos trabalhadores não seja somente modificar as condições de trabalho, mas talvez aumentar as possibilidades de negociação e, por essa via, conseguir uma gratificação financeira em razão do ambiente insalubre ou dos baixos salários. Ou, ainda, o descontentamento pode estar ligado a outras dificuldades não expressas no trabalho. Caso uma dessas condições seja confirmada, há implicações tanto metodológicas quanto políticas. Essas questões, quando analisadas conjuntamente, possibilitam ao ergonomista uma reflexão sobre seu potencial de atuação naquela situação, bem como inferir sobre o verdadeiro sentido da demanda.

Na maioria das vezes, a primeira formulação é carregada do ponto de vista de quem a formula e, a partir daí, começa a construção do problema. Construir um problema na etapa da instrução da demanda implica levantar a maior quantidade possível de pontos de vista sobre a questão inicialmente colocada.

Confrontando estes pontos de vista, iniciamos um processo de enriquecimento da demanda e de interlocução que permite articular as diferentes representações do problema colocado. Trata-se de uma abertura para abordar a questão do trabalho e suas consequências de maneira sistêmica. É por meio de negociações, construídas ao longo desse processo, que podemos facilitar as possíveis transformações. Nessa interlocução devemos contatar os diferentes atores sociais envolvidos no processo de trabalho contemplando os diversos níveis hierárquicos.

Os pontos de vista variam significativamente, dependendo da posição ocupada pelo interlocutor na empresa/instituição e na sociedade. Descrevendo de maneira um pouco caricatural:

- Um responsável direto pela produção formula os problemas do trabalho do ponto de vista da produtividade, da qualidade, dos prazos;
- Um representante sindical poderá apresentar o mesmo problema da perspectiva da negociação dos ritmos, das jornadas e dos turnos de trabalho, da divisão das tarefas, da organização das pausas;
- Os representantes dos serviços de saúde e segurança partiriam de questões ligadas às doenças, ao absenteísmo, aos acidentes;
- O projetista de um sistema de informação de uma empresa de serviço colocaria os problemas da perspectiva das dificuldades que os operadores de terminal têm para memorizar procedimentos;
- Um responsável pelo projeto de um produto destinado ao grande público colocaria a questão de como adaptar os comandos da máquina ao uso de uma população não especialista.

Análise da demanda:

- Diversidade: origem, objeto;
- Instruir a demanda;
- Reformular a demanda;
- Problematizar, hipotetizar.

Qual é o papel do ergonomista nesse processo?
- O papel do ergonomista é escutar e articular estes pontos de vista, para evitar que o problema seja tratado apenas de uma perspectiva. Desta forma, é possível associar os diferentes atores para colaborar durante o processo de análise e transformação do trabalho. Resumindo, articular pontos de vista distintos significa enriquecer a representação do problema.
- O interesse deste processo de articulação reside na possibilidade de engajamento dos diferentes interlocutores envolvidos com o trabalho. Seja quem atua diretamente, sejam as pessoas que indiretamente estão envolvidas com as consequências do trabalho em questão.

Analisar uma demanda requer um trabalho que permita explicitar as contradições. O seu entendimento permite aos interlocutores cotejar o ponto de vista do outro em relação ao seu, ampliando-o e construindo relações, pela via da incorporação de conceitos diferentes, que favoreçam a construção de **soluções de compromisso**. Esta etapa é fundamental, pois é nela que diferentes atores sociais podem expressar as suas representações sobre o problema.

Análise da demanda:

➡ Reformular as questões iniciais;

➡ Formular as hipóteses de base;

➡ Orientar as investigações necessárias à produção desses conhecimentos;

➡ Contribuir na mudança das representações sobre o trabalho;

➡ A pertinência vai depender de como se articula, mesmo as contradições.

A delimitação do campo de estudo constitui um dos momentos importantes da análise da demanda. Essa delimitação é condicionada por imposições de prazo definidas pela instituição, considerando: a complexidade dos problemas e/ou da divergência de soluções para eles.

Uma vez discutida a importância da análise da demanda, outra dimensão a ser considerada na abordagem da Ergonomia são as informações sobre a empresa, que compõem o quadro do contexto sociotécnico.

Levantamento de informações gerais:

População:
- Idade, gênero;
- Formação, experiência;
- Tempo de trabalho;
- Jornada de trabalho;
- Treinamento.

Dimensão institucional:
- Produto, serviços;
- Evolução dos serviços;
- Exigências de qualidade;
- Exigências legais;
- Políticas de gestão.

Perfil epidemiológico:
- Estado de saúde;
- Queixas;
- Problemas de saúde;
- Acidentes.

Outros dados:
- Exigências legais;
- Localização (transporte);
- Sazonalidade;
- Clima;
- Alimentação.

6.2.2 Informações sobre a empresa

Conhecer o funcionamento da empresa, antes de iniciar qualquer processo de observação, permite avaliar o contexto, as implicações da ação, as dificuldades e definição do processo de acordo com as especificidades da empresa/instituição.

Nesta fase, o ergonomista amplia o contato e podem ser incorporados outros interlocutores ao processo. Inicia o levantamento da documentação da empresa e os primeiros contatos com os trabalhadores da situação de trabalho.

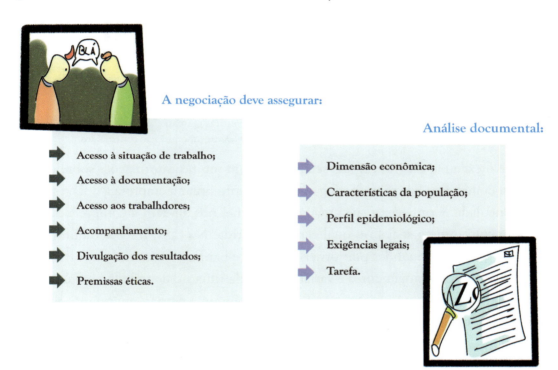

A negociação deve assegurar:
- Acesso à situação de trabalho;
- Acesso à documentação;
- Acesso aos trabalhdores;
- Acompanhamento;
- Divulgação dos resultados;
- Premissas éticas.

Análise documental:
- Dimensão econômica;
- Características da população;
- Perfil epidemiológico;
- Exigências legais;
- Tarefa.

Esta etapa permite compreender melhor as questões colocadas no momento da demanda e também como os problemas se apresentam para quem trabalha. Verificada a dimensão do problema, hipóteses podem ser formuladas, assim como as prioridades da ação ergonômica podem ser definidas.

Os primeiros contatos são essenciais para o desenvolvimento do trabalho. Neste momento se definem o papel e os objetivos de cada um dos interlocutores. As relações que se estabelecerão entre o ergonomista, os trabalhadores e os diferentes níveis hierárquicos da empresa/instituição condicionarão a qualidade da análise da atividade, pois esta depende da representação que cada um dos interlocutores construirá do papel do ergonomista.

O conhecimento do contexto industrial, econômico e social da empresa é indispensável, pois permite identificar as variáveis, as suas relações e quais são as suas implicações a fim de definir as ferramentas que considerem as especificidades da situação de trabalho.

O funcionamento da empresa:

Informações sobre a empresa

- Limitações espaciais;
- Normas de produção;
- Limitações temporais;
- Colaboração com outras pessoas;
- Aparecimento de acontecimentos não controlados.

No exemplo da gráfica, não se apresentaram muitas informações sobre o contexto sociotécnico. Em primeiro lugar, é importante situar a empresa à qual a gráfica está vinculada. Conhecer a sua atividade principal nos ajudará a compreender sua relação com o meio social no qual ela está inserida. No caso, trata-se de um orgão público que tem demandas por jornais internos e panfletos ("santinhos"). É factível supor que os constrangimentos e variabilidades da situação de trabalho em uma gráfica são distintos em uma instituição financeira, em uma fábrica, em um hospital ou em uma instituição política (como uma câmara de vereadores, por exemplo).

Em segundo lugar, pode ser interessante conhecer o contexto interno e externo da própria gráfica. Dependendo da experiência do ergonomista, é importante conhecer outras situações semelhantes para ter referências de realidades distintas acerca da organização do trabalho, dos turnos, dos equipamentos etc. Tais elementos fazem parte de um sistema mais abrangente que envolve o setor gráfico. A ausência de um produto químico ou tinta no mercado pode influenciar as estratégias para reposição do estoque. Ou mesmo a pesquisa de produtos mais "modernos", mais eficazes e que reduzam os riscos de intoxicação. Ou seja, há uma série de variantes que são relativas ao mercado externo à empresa, que podem afetar as atividades desenvolvidas, e serem incorporadas nas análises e recomendações.

As informações sobre o processo técnico são importantes, pois é a partir delas que podemos compreender, sem sermos exaustivos, como são fabricados os produtos, o processo de produção dos serviços, as etapas mais importantes e os problemas explicitados ou não.

Em muitas situações, podemos obter dados relativos à produção, às variações das quantidades, aos critérios de qualidade, à introdução de novos produtos. Estes dados podem estar disponíveis na forma de indicadores gerenciais ou dispersos nos diferentes departamentos da empresa. Alguns problemas podem ser detectados em contextos inusitados. Por exemplo, podemos obter informações ao analisar o refugo, ao conversar com alguma pessoa que não esteja envolvida diretamente no posto de trabalho.

Da mesma forma, conhecer os outros setores e como os processos de produção da gráfica estão correlacionados permite compreender: as exigências de quantidade, temporais e de qualidade; os tipos de relacionamento previstos; a maneira como é dividido o trabalho; e como são definidas as relações hierárquicas e entre os pares.

O conhecimento do contexto no qual o trabalhador desenvolve suas atividades é indispensável para a compreensão do trabalho. É a partir dele – com suporte, por exemplo, na análise documental – que podemos apreender os fatores que condicionam a atividade, relacionar as ações entre si e também descrever os componentes destas ações inseridas em um sistema técnico.

Outro elemento de fundamental importância para a compreensão do processo de trabalho é a população de funcionários. Caracterizar, descrever e analisar os atores constitui um suporte para mapearmos as estratégias adotadas e explicarmos as suas ações.

6.2.3 Características da população

As características da população em determinada empresa/instituição podem fornecer uma série de informações importantes para uma análise ergonômica. Dentre os indicadores demográficos e funcionais, devemos estar atentos à distribuição etária, ao tempo de serviço na empresa, à rotatividade, à formação inicial, à qualificação profissional, ao sexo, à taxa de absenteísmo e aos indicadores de saúde e segurança.

De pouco ou nada adianta trabalhar isoladamente com indicadores tais como: a média de idade, o tempo médio de trabalho na empresa, a média de anos de estudo. Esses indicadores podem camuflar um aspecto importante da análise, a relevância da variabilidade, da singularidade. Usualmente se trabalha com faixas distribuídas em intervalos pequenos.

Quando, por exemplo, a população na organização é muito homogênea, pouca variação na idade, um sexo predominante, considera-se que há um fator significativo de exclusão no trabalho, seja em razão de um rígido processo seletivo na entrada, seja porque há uma seleção ao longo do tempo, em que poucos suportam o trabalho executado. Estes indicadores devem ser comparados, tanto com os da população em geral, quanto entre os setores da empresa, como forma de detectar distorções. Uma série histórica pode ser útil para entender as mudanças que ocorreram ao longo do tempo. É importante relacionar esses dados com o histórico da empresa, sua fundação, seu crescimento, suas crises, a política de admissão e demissão.

Os dados sobre absenteísmo podem indicar problemas de rejeição ao trabalho, estratégias para balancear a carga de trabalho e, também, se constituir em indicadores de saúde e de segurança. A sua análise deve sempre ser cautelosa, pois a ausência de diagnóstico médico não significa que não haja sofrimento ou problemas de saúde, principalmente no início. A ausência de acidentes de trabalho pode também camuflar a existência de incidentes ou de "pequenos acidentes". O absenteísmo baixo, principalmente no curto prazo, pode ser o resultado de políticas de incentivo, ou resultar do medo de demissões.

De volta ao exemplo da gráfica, identificamos uma baixa taxa de absenteísmo e de rotatividade entre os trabalhadores. Seus registros de saúde também não aportam problemas crônicos relacionados ao trabalho, com exceção de dois funcionários que apresentam um quadro contínuo de bronquite. Esses indicadores apontam a ausência de sofrimento para os trabalhadores? Para responder a essa questão, devemos analisar detalhadamente as características da população.

São 25 pessoas trabalhando na gráfica, distribuídas de acordo com o gráfico abaixo. Das 6 pessoas que trabalham no escritório, 4 são do sexo feminino, e, destas, 3 trabalham no atendimento aos clientes e a outra ocupa um dos dois cargos de chefia da empresa. Os demais setores (ACABAMENTO, ARTE, MANUTENÇÃO e IMPRESSÃO) são compostos exclusivamente por trabalhadores do sexo masculino.

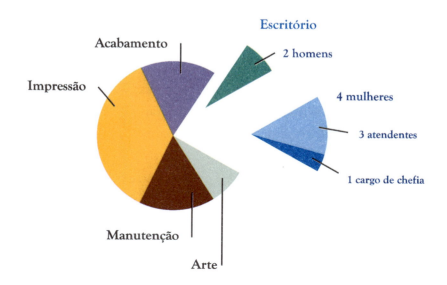

A distribuição por faixa etária pode ser observada no gráfico a seguir:

Faixa etária dos trabalhadores da gráfica

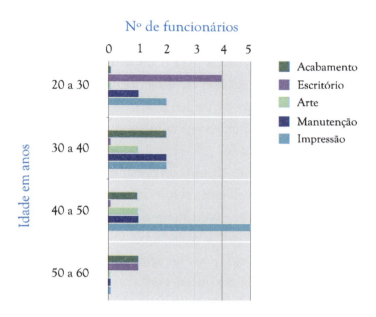

Podemos identificar uma relação explícita entre a idade dos trabalhadores e o setor da gráfica em que trabalham. Ao cotejarmos as faixas etárias do ESCRITÓRIO com as do setor de IMPRESSÃO, a diferença encontrada pode indicar algumas especificidades desses setores como, por exemplo, as exigências técnicas necessárias à execução do trabalho no Setor de Impressão (já que se trata de uma tecnologia antiga e cheia de problemas, que possivelmente requer muitos macetes para operar). Ou mesmo a impossibilidade de crescimento profissional na gráfica. São muitas as hipóteses possíveis que devem ser confirmadas ou refutadas ao longo da ação ergonômica.

Nos setores de Manutenção e Escritório encontramos os trabalhadores com menor tempo de serviço na empresa, com apenas 3 anos de casa. Já nos setores de Impressão e Acabamento os funcionários se situam na faixa entre 5 e 10 anos de serviço, e o trabalhador mais antigo da instituição é o que ocupa o cargo de chefia, com 12 anos de casa. A concentração de trabalhadores com maior tempo de serviço nas funções mais técnicas (impressão e acabamento) pode indicar a exigência de maior qualificação profissional para desenvolver as ações nesses setores. Outro dado importante e, portanto, passível de investigação, é o tempo de serviço de cada trabalhador anterior à instituição, como por exemplo, a atuação em outras gráficas. A partir desses dados podemos obter informações relativas à experiência de cada funcionário, a fim de auxiliar na compreensão de sua competência em relação ao trabalho que executa.

Outras variantes importantes são os turnos e as jornadas de trabalho. É conhecido que os turnos noturnos são geralmente associados a maiores dificuldades e riscos para a saúde dos trabalhadores, podendo ocasionar problemas no trabalho, como os lapsos e enganos, que em seções como o corte, situado no setor de ACABAMENTO, podem levar a acidentes graves.

Qual é a relevância desses dados para o trabalho do ergonomista?

A partir dos resultados das observações globais, ou mesmo da análise da atividade, algumas associações entre as características da população e as situações de trabalho observadas podem nos auxiliar na compreensão do trabalho na gráfica. Por exemplo, se os funcionários alocados no Setor de Impressão, que estão há mais tempo na casa, com aproximadamente 10 anos de trabalho, forem os mesmos com registros médicos relacionados aos problemas respiratórios, um recorte para análise pode ser realizado. Podemos verificar se existe alguma evidência de sofrimento por parte desses trabalhadores em relação a sua atividade, como a possibilidade de intoxicação por inalação de solventes e tintas, que pode ser agravada se o funcionário trabalhou por longo tempo na mesma atividade em outras gráficas.

Os dados dessa população analisados a partir de médias não fornecem o tipo de refinamento necessário à compreensão do trabalho por parte do ergonomista.

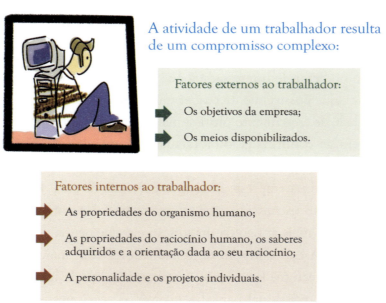

A atividade de um trabalhador resulta de um compromisso complexo:

Fatores externos ao trabalhador:
- Os objetivos da empresa;
- Os meios disponibilizados.

Fatores internos ao trabalhador:
- As propriedades do organismo humano;
- As propriedades do raciocínio humano, os saberes adquiridos e a orientação dada ao seu raciocínio;
- A personalidade e os projetos individuais.

Outros aspectos, como o envelhecimento da população, a renda e a formação dos funcionários, as relações entre os dados demográficos e turnos, as jornadas de trabalho, o tempo de serviço, as ocupações anteriores, entre outras, devem sempre ser considerados, na medida em que os projetos não devem servir para excluir os trabalhadores, ou mesmo faixas da população geral. Na mesma perspectiva devem ser consideradas as características físicas; os artefatos, a tarefa e o posto de trabalho e sua adequação à diversidade de dimensionamento, de força, das capacidades perceptivas e motoras das pessoas.

Conhecer a população é fundamental, pois, parafraseando Wisner, a qual população o trabalho deve ser adaptado? Os meios técnicos, o conteúdo da tarefa, a organização do trabalho devem ser concebidos de maneira a serem adaptáveis à população evitando torná-la a eterna "variável de ajustamento" da produção.

As características da população podem ser retomadas, aprofundadas e cotejadas com outros dados durante as diferentes etapas da ação ergonômica. A seguir discutiremos outra etapa importante, que é o recorte para análise de uma situação representativa dos problemas colocados na demanda.

6.2.4 Escolha da situação para análise

A complexidade dos elementos que envolvem a situação de trabalho interfere nos critérios da ação ergonômica, principalmente na escolha das situações (tarefas) a serem analisadas. Por essa razão, os critérios são de natureza diversa e devem ter como fio condutor a demanda, as queixas, os problemas hierarquizados de acordo com as suas consequências e também as possibilidades de transformação.

A escolha da situação de trabalho ou tarefa a ser analisada é considerada um momento de síntese na abordagem, uma vez que a sua escolha é fruto das questões colocadas na demanda inicial, no processo de instrução da demanda e no conhecimento da empresa, dos processos técnicos e da população de trabalhadores. As hipóteses que levam a essa escolha revelam a busca de coerência entre as questões elaboradas a partir da análise da demanda para se compreender os problemas e suas mais diferentes causas.

Este processo permite aos diferentes interlocutores escolher, ou melhor, definir uma tarefa que reflita de maneira mais significativa os problemas de saúde e de produção. Por exemplo, um gargalo do sistema, maior quantidade de queixas de clientes, congestionamento no atendimento a clientes, maior absenteísmo, riscos de disfuncionamento do sistema, acidentes de maiores proporções, frequência de doenças e indicadores de sofrimento mais significativos, rotatividade muito elevada.

Retomemos o exemplo da gráfica. A demanda dirigida ao ergonomista é relativa aos riscos ligados à exposição dos trabalhadores aos agentes nocivos. O seu olhar é orientado inicialmente para questões como a temperatura do local de trabalho, a possibilidade de intoxicação dos funcionários por meio da inalação de solventes e tintas (ou mesmo pelo contato com a pele), a exposição a ruídos ou a qualquer outro agente que possa causar danos no curto ou longo prazos aos trabalhadores. Esse olhar é dirigido para a exposição aos agentes citados, em detrimento de questões relativas ao mobiliário, à organização do trabalho, ao uso de equipamentos de segurança etc. Esse é o fio condutor que, somado às observações globais e à análise do contexto sociotécnico, guiará o ergonomista no recorte de uma situação específica de trabalho a ser analisada mais pormenorizadamente.

O processo de escolha em si é muito sensível, pois, contrariamente ao veiculado, é pouco provável que se possa analisar em profundidade todas as tarefas de uma organização. Mas, na medida em que a racionalidade usada para concebê-las está expressa nos procedimentos, nas escolhas das máquinas, no projeto do ambiente, o estudo aprofundado de uma tarefa significativa pode ser útil para transformações mais amplas na organização. Não se trata de mudar apenas uma ferramenta para a execução de uma determinada tarefa, fato relevante, mas, sobretudo, mudar os conceitos de aquisição e de projeto destes equipamentos de trabalho.

Escolher a tarefa a ser analisada é CONSTRUIR uma série de hipóteses que correspondem às hipóteses de nível 1. Neste momento, justifica-se a escolha a partir dos dados obtidos nas entrevistas, na análise dos documentos, nos levantamentos feitos a partir de instrumentos complementares como questionários e listas de verificação.

Uma vez definida a situação a ser analisada, o ergonomista aprofundará seus conhecimentos sobre o processo técnico e sua definição operacional.

6.2.5 Análise da tarefa

Para analisar o trabalho é importante caracterizar a sua inserção no processo de produção da empresa. Todas as tarefas, na indústria de processos contínuos, na manufatura, nos mais variados tipos de serviços, na agricultura, na agroindústria, estão inseridas em um processo, com início, uma série de insumos e informações que são incorporados, assim como uma série de subprodutos e de informações resultantes das etapas da produção. No final, o resultado se apresenta na forma de um produto, de um sistema de informações, de um serviço de atendimento ao público, entre outros. Este processo requer uma série de recursos. Diferentes pessoas podem atuar no seu desenrolar, inclusive pode haver trabalho que não esteja sendo desenvolvido no mesmo local, mas todos concorrem para o resultado final.

Por exemplo, a gráfica pode ser entendida, ou decomposta, em processos. A demanda por um jornal informativo chega pelo ESCRITÓRIO, onde são verificados diferentes aspectos como: (a) quem solicita, (b) quantidade de cópias, (c) utilização de cores e imagens, (d) confecção do texto, (e) prazo para entrega etc. O ESCRITÓRIO passa alguns dados para o Setor de ARTE, que deve transformar o pedido em um produto que será apresentado e avaliado com o cliente. Quando aprovado, é produzido um fotolito com as diferentes páginas que compõem o jornal. O Setor de IMPRESSÃO recebe o fotolito e providencia a impressão dos jornais, garantindo as especificidades do projeto e seu padrão de qualidade. O Setor de ACABAMENTO recebe as cópias impressas e providencia a montagem do jornal, a dobradura, o corte e o grampeamento ou colagem, caso sejam necessários. Uma vez o produto final pronto, o ESCRITÓRIO entra em contato novamente com o cliente para a entrega. Esse fluxo geral pode ser visualizado, de maneira simplificada, na figura as seguir.

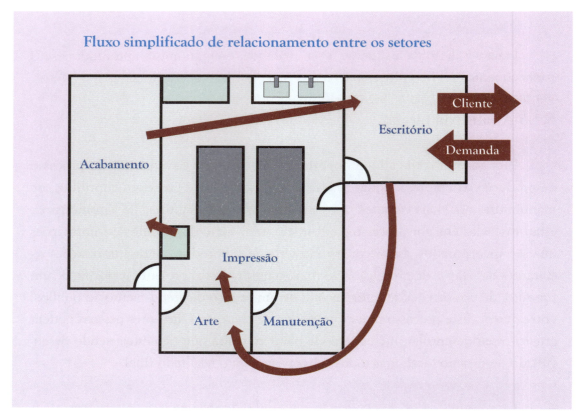

Fluxo simplificado de relacionamento entre os setores

Embora o fluxograma apresente uma estrutura de relacionamento entre os setores de forma sequencial, podemos identificar outros momentos privilegiados de comunicação que visam assegurar a qualidade do produto e reduzir o retrabalho. Por exemplo, podemos verificar uma comunicação não prevista entre o Setor de ARTE e o de IMPRESSÃO. Algumas cópias podem ser impressas para que os funcionários da ARTE façam uma avaliação final em algum produto. Ou mesmo um funcionário da IMPRESSÃO pode ser convidado a sugerir procedimentos que reduzam o custo da produção, como o uso de cores que não exijam a limpeza de peças internas das máquinas. Esse fluxo permite mostrar o encadeamento das etapas, o que é produto para um pode ser insumo para o outro.

As formas de interações entre atividades:

- A cooperação implica operadores trabalhando num mesmo objeto de trabalho, numa relação de dependência mútua;

- A colaboração estabelece relações entre trabalhadores que habitualmente não trabalham no mesmo objeto, mas compartilham suas competências para lidar com uma situação particular ou famílias de situações.

O produto final é resultado do trabalho articulado dos setores, não necessariamente no mesmo local nem com os mesmos recursos. A produção é organizada de uma maneira específica, as tarefas são divididas segundo a racionalidade predominante. Por exemplo, para um mesmo tipo de produção, como automóveis, pode-se optar por linhas de montagem, células de produção, incorporação de sistemas de produção fragmentados em tarefas de pequena abrangência ou equipes com graus variados de autonomia.

O trabalho prescrito pressupõe uma definição anterior das tarefas. Elas são consideradas como o conjunto de prescrições e representações para apreensão concreta do trabalho, com objetivo de reduzir ao máximo o trabalho improdutivo e aperfeiçoar os meios de trabalho produtivo (GUÉRIN, 2001). A concepção da tarefa está ligada à necessidade de estabelecer métodos de gestão para definir e medir a produção.

O grupo que está participando do processo de análise do trabalho precisa compreender esta racionalidade da produção. Toda tarefa que está sendo analisada transcorre em um cenário particular que é determinante, pois muitos constrangimentos que os trabalhadores enfrentam para produzir são oriundos de escolhas ligadas à organização da produção. É evidente que aspectos ligados ao tecido social e industrial (como o local onde está localizada a empresa) são fundamentais para compreender os determinantes da tarefa em estudo, e para começar a delimitar o universo de transformações possíveis no conteúdo da tarefa e da organização do trabalho no curto, médio e longo prazos.

Análise da tarefa:

➡ Organizar as informações para:

- Assegurar domínio suficiente sobre os dados técnicos referentes à situação de trabalho;

- Servir de base para a construção de hipóteses e elaboração do pré-diagnóstico;

- Constituir ferramentas de referência úteis para a descrição e a interpretação dos dados produzidos pela análise da demanda;

- Prover-se de apoio para a demonstração e a comunicação com diferentes interlocutores.

A análise da tarefa propriamente dita requer o entendimento do que é solicitado ao trabalhador. Conforme os conceitos utilizados em ergonomia, a tarefa constrange o trabalho, delimita as possibilidades de ação e, ao mesmo tempo, é a partir da tarefa e dos seus componentes que a ação de trabalho é possível. Qualquer trabalho é definido por uma tarefa, formal ou informal, estando mais ou menos descrita nos documentos de uma organização. Mesmo quando os procedimentos e as regras de trabalho não são detalhados, sempre há uma tarefa a cumprir, ainda que o próprio trabalhador tenha a possibilidade de defini-la parcialmente.

Os níveis de prescrição podem variar, desde um rígido *script* de procedimentos e de comportamentos, até um sistema com graus variados de autonomia para as decisões com relação aos atos e até mesmo com relação a mudanças. Fazem parte do universo da tarefa, desde a planta onde se trabalha com o seu arranjo arquitetônico, a disposição das máquinas, a relação com a iluminação natural, até a ferramenta disponível para a execução do trabalho, entre outros.

As questões ligadas ao tempo de trabalho, às jornadas, às cadências, às pausas são fundamentais para a análise, na medida em que são aspectos constituintes da organização do trabalho e que, em muitos casos, são fontes significativas de constrangimento para o trabalhador. Com quem as pessoas se relacionam no trabalho, quais são as possibilidades de diálogo com os colegas à montante, à jusante ou que operam no mesmo patamar dentro do processo de produção, também constitui objeto de análise. Da mesma forma o são os documentos em papel, as informações veiculadas em meios eletrônicos, as informações obtidas do sistema técnico.

É importante analisar como a maneira de organizar o trabalho influencia significativamente o conteúdo das tarefas, portanto, a ação dos trabalhadores é por ela modulada. Alguns aspectos podem ser destacados:

- **Natureza da tarefa:** Como é concebida a tarefa no processo de produção? O processo de produção é dividido em pequenas etapas e cada tarefa é restrita? Está prevista a cooperação com os colegas ou a ação deve ser desenvolvida de maneira individual? A tarefa exige também o preenchimento de relatórios, o controle de estoques, a programação no computador? Os modos operatórios estão predefinidos e devem ser seguidos à risca ou eles podem ser alterados pelos próprios atores? As normas e procedimentos são restritivos, há margem para mudanças? Trata-se de controlar um processo automático ou de uma tarefa na qual há grande manipulação de peças, produtos e ferramentas?

- Controle: Como é feito o controle da produção sob supervisão direta? Por meios eletrônicos? O controle é exercido pelos próprios trabalhadores? Faz parte da tarefa controlar os estoques, a qualidade?

- Constrangimento temporal: O tempo previsto é suficiente para a execução das tarefas? O trabalhador necessita fazer horas extras para atingir as metas de produtividade? Os horários e turnos são organizados de maneira a permitir o repouso e uma vida familiar e social condignos? Há tempo suficiente para se recuperar do cansaço ou de algum tipo de agressão? Está prevista uma margem para que se adotem comportamentos prudentes em situações de risco? Há tempo para recuperar incidentes, ou alguma operação malsucedida, para mudar o modo operatório, pois o insumo não é de qualidade adequada? O ritmo de produção pode ser alterado por necessidade/vontade do trabalhador ou para dar conta de um evento (quantidade de produtos/unidade de tempo)? Há tempo previsto para passagem de turno/plantões?

- Hierarquia: Qual é a situação daqueles trabalhadores em relação aos outros na hierarquia? Pode-se conversar? Com quem se pode conversar, trocar opiniões, emitir pareceres? Como são previstas as relações de supervisão e controle? Há meios eletrônicos de controle do trabalho? Eles têm papel de coordenação? Quais atuações conjuntas são previstas entre pares? Há trabalho em equipe? Qual é a margem da manobra para decidir? Até que ponto os superiores têm poder sobre eles, por exemplo, para decidir sobre mudanças de horário? Quais são as responsabilidades atreladas ao cargo? Como é feita a avaliação dos trabalhadores? Quais são as exigências de qualidade do trabalho? Como esta é avaliada?

Esta pequena lista nos dá uma ideia das diferentes questões que são importantes para uma **AET**. Longe de serem exaustivas, elas nos permitem entrar mais na relação entre a organização do trabalho e a tarefa, bem como entender melhor os seus determinantes e, também, as possibilidades para transformá-las.

O estudo aprofundado da tarefa requer a apreensão de dados sobre os mais variados aspectos; não se pode confundir a análise da tarefa com a análise daquilo que está documentado como procedimento de trabalho.

Prescrição em ergonomia significa também aquilo que não está escrito, pois há prescrição no tipo de chave de fenda comprada, no sistema de informações construído, no tempo de atendimento ao cliente, no *script*, na cadeia de relacionamento dentro do processo de produção, na proteção da máquina, no tipo de ar-condicionado utilizado, na disposição das máquinas, no computador, na maneira como foi redigido o documento em uso.

Outro aspecto que aumenta o desafio para quem analisa o trabalho reside no fato de que certos determinantes da tarefa variam ao longo do tempo, mesmo ao longo de uma mesma jornada. O grupo que está conduzindo a análise deve estar atento a estas variações, a esta dinâmica. Apesar da abrangência proposta no estudo da tarefa em ergonomia, não é proposto seu estudo como um todo. Isto não é possível e, mesmo que o fosse, poderia ser cansativo e pouco producente. É importante distinguir seus elementos para compreender os problemas enfrentados pelos trabalhadores e as suas consequências.

No entanto, sem um estudo aprofundado da tarefa não é possível analisar a atividade de trabalho, uma vez que esta não é uma sequência de gestos, falas, movimentos, sem sentido. Cada ação tem uma razão, mesmo que não esteja clara para os atores sociais, incluindo o trabalhador que a desenvolve. Cabe ao grupo que está conduzindo a análise, em conjunto com as pessoas que estão trabalhando, recuperar o sentido da ação, compreender os seus determinantes e os principais constrangimentos. Relacionar com as questões levantadas anteriormente para, munidos de dados significativos sobre a atividade exercida, propor as transformações para que as tarefas futuras sejam mais adequadas às características humanas.

Tomemos o exemplo do Setor de IMPRESSÃO da gráfica. A tarefa dos funcionários comporta diferentes etapas. A sequência de procedimentos, tal como sugere o fluxograma apresentado, organiza as ações em metas que devem ser cumpridas até o produto final. É um equívoco reduzir a tarefa a esses procedimentos. Ela inclui aspectos como a prioridade política, a quantidade de jornais que devem ser impressos, o prazo para a impressão, os determinantes de qualidade e as máquinas utilizadas. A tarefa engloba também a prescrição de uso de EPIs, como luvas no momento de regular as máquinas (ou para limpar peças internas), máscaras e protetores auriculares enquanto as máquinas estiverem funcionando. Para desenvolver a análise da tarefa é necessário identificar os elementos que a determinam e descrever o seu papel, a sua importância na modulação do trabalho. Por isso mesmo, ela não pode ser subestimada. A análise do prescrito formal, como os documentos, não é suficiente para mapear a tarefa.

Portanto, para compreender a atividade de trabalho devemos avaliar as normas da empresa, os horários, as cadências e o processo produtivo; a divisão de tarefas, os modos operatórios previstos, as margens de liberdade e os critérios de qualidade.

Além disso, é necessário identificar e avaliar as ferramentas e obter dados sobre o ambiente de trabalho. A análise da tarefa é desenvolvida a partir de informações gerais sobre o trabalho, de entrevistas e da análise de manuais e documentos da empresa. São esses dados que nos fornecem os indicadores que direcionarão nosso olhar para as observações globais.

6.2.6 Observações globais e abertas da atividade

Nesta etapa são realizadas observações globais e abertas da atividade, com o objetivo de elaborar um pré-diagnóstico, na forma de hipóteses explicativas. Elas visam identificar o papel das variáveis da situação de trabalho que contribuem para os problemas identificados e para a construção de soluções dos problemas levantados na análise da demanda. Entende-se por observações globais o registro (com base em fichas/protocolos, imagens) da situação de trabalho cujo enfoque é o quadro geral do contexto. Essa é uma técnica útil para a compreensão dos fatores relacionados à situação em nível macro e possibilitar ao ergonomista definir recortes a serem privilegiados nas análises sistemáticas.

Observações globais e abertas:

➡ Reorganizar as informações para:

- Assegurar um domínio sobre os dados técnicos referentes à situação de trabalho;
- Servir de base para a construção de hipóteses para a elaboração do pré-diagnóstico;
- Constituir ferramentas de referência úteis para a descrição e a interpretação dos dados que serão produzidos pela análise da demanda;
- Prover-se de apoio para a demonstração e a comunicação com os diferentes interlocutores.

As observações podem ser centradas:

➤ Na estrutura dos processos técnicos;

➤ No arranjo físico;

➤ Nas ferramentas e nos meios de comunicação;

➤ Nas relações entre as variáveis.

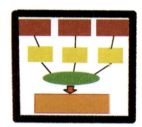

Descrições centradas na estrutura dos processos técnicos:

➤ Enfatizam os fluxos e as etapas de transformação do produto fabricado ou da informação;

➤ Evidenciam a estrutura do processo (em série ou em paralelo), da localização dos postos de trabalho em relação aos processos e entre si

➤ Podem servir de base constatações ou primeiras hipóteses.

Descrições topográficas podem servir de base para:

➤ Problemas de atulhamento, acesso, visibilidade, comunicação etc.;

➤ As descrições devem combinar dados técnicos e organizacionais com constatações já feitas no local de trabalho;

➤ Articulação entre o "diagnóstico local" e uma formulação mais geral para um setor, departamento ou empresa.

Descrições centradas nas ferramentas e nos meios de informação:

➤ As ações sobre os processos e a obtenção de informações são mediadas ou efetuadas sobre o produto?

➤ O operador tem um retorno sobre o resultado de suas ações? Em que condições?

➤ Esses dispositivos apresentam características que podem atrapalhar a realização do trabalho (acessibilidade, maneabilidade, legabilidade, visibilidade etc.)?

Descrições centradas nas relações entre variáveis de um dispositivo:

> ▶ Capacidade de relacionar variáveis de ajuste ao estado do dispositivo técnico, aos critérios de qualidade... O que causa tal efeito? Qual é a consequência de determinada situação?
>
> ▶ Planilha cruzando variáveis e gráficos de influência que evidenciam pontos de vista, processos ocultos e meios de controle.

Nesta fase, o levantamento e a análise dos dados referentes (a) à demanda, (b) a como os problemas se expressam segundo a ótica da saúde e da produção e (c) à relação dessas questões com a tarefa escolhida já devem ter sido demonstrados. Por exemplo, considere o caso de uma central de atendimento em que a demanda inicial estava voltada para a obtenção de respostas que explicassem o aumento significativo dos afastamentos por problemas de saúde. Quais são as razões para a ocorrência de tantos problemas? Quais seriam as pessoas mais afetadas, e quais as suas características?

Esta demanda inicial, oriunda do setor de "recursos humanos", reflete a busca de explicações e soluções do ponto de vista do melhor processo de seleção e de acompanhamento de saúde na empresa. A análise perante estes interlocutores, feita pelos ergonomistas, mostrou que o problema não estava associado às pessoas, mas sim ao trabalho, ao conteúdo da tarefa e à organização do trabalho. Os resultados da análise dos dados demográficos mostraram que não havia um perfil de personalidade, mas sim uma questão ligada a um adoecimento muito rápido em uma população jovem. Os dados (coletados por meio de questionários sobre dor e desconforto) mostraram uma quantidade expressiva de trabalhadores que relatavam algum tipo de desconforto ou dor, sem que tivessem passagem pelos serviços médicos. Os dados também indicaram maior incidência de casos envolvendo pessoas que trabalhavam com o chamado "atendimento receptivo ou passivo". O trabalho delas consistia em responder às chamadas que vinham dos clientes, fazendo uso de um *script* composto de frases predeterminadas, de uso obrigatório e sujeito ao controle da chefia, por meio de um sistema informatizado. A análise do processo técnico mostrou uma divisão muito nítida do trabalho entre os setores, principalmente entre os setores conhecidos como "de frente" e "de retaguarda". Os indicadores adotados para avaliar o trabalho eram medidos pela média dos tempos de atendimento e pelas filas de espera.

A avaliação qualitativa se resumia à escuta dos atendimentos por meio de controle eletrônico pela supervisão. Os dados de produção mostraram uma grande variação da demanda de atendimentos, em parte, recompensada por uma maior quantidade de atendentes. A análise dos sistemas de informação mostrou que os atendentes deviam guardar na memória uma série de códigos e de procedimentos, além de operar com plataformas diferentes.

Os postos de trabalho analisados apresentaram uma série de inadequações, como falta de espaço no plano de trabalho, de ajuste na altura do plano de trabalho e dificuldades para ajustar as cadeiras, entre outras. O diálogo devia ser reduzido ao mínimo para evitar que um colega atrapalhasse o outro. Além disso, havia uma série de falas previstas em um *script* predeterminado e sujeito ao controle.

Para construir esse olhar sobre o trabalho de atendente e conseguir traçar os elos entre as questões de maneira coerente, realizamos observações com os trabalhadores. Como se dá um atendimento? Quais são as ações empreendidas na busca de informações? Como é construído o diálogo? O *script* é facilmente utilizado pelos atendentes? Quais são as posturas possíveis neste posto de trabalho? Elas correspondem a posturas de conforto? É possível alternar a postura? Como variam os tempos de atendimento? Existe variabilidade nos atendimentos? Os clientes têm demandas inteligíveis? Eles se expressam corretamente, sabem o que querem, constroem bem o problema colocado para a (o) atendente? Observar tudo isso ao mesmo tempo é impossível! A partir dessa série de questões, foi possível direcionar as "observações livres".

O olhar dos ergonomistas a partir desses dados foi direcionado para as questões voltadas para o uso dos programas de computador, as dificuldades de navegação.

Os programas oferecem flexibilidade no processo de busca de informações? A ordem, qualidade e quantidade das informações são compatíveis com o que é demandado pelos clientes? Outra situação observada (por exemplo, a escuta) foi a comparação entre o diálogo e o *script*, e nela os problemas colocados e a maneira como os clientes se expressavam, as posturas adotadas. Estas observações livres proporcionaram melhor entendimento do que seria a atividade das operadoras, como elas efetivamente trabalham, suas dificuldades e como a atividade realizada podia ser associada com os problemas de saúde identificados.

Além disso, uma série de questões ligadas ao resultado do trabalho, quanto à efetividade das ações e à resolução dos problemas dos clientes, foi levantada – quantas ligações são perdidas, pois o problema não é resolvido em função da dificuldade em compreender a demanda, da falta de dados e de documentos; quantos atendimentos tinham origem em atendimentos anteriores, mas deviam começar novamente do início, pois não havia uma continuidade nos atendimentos, nem um processo que facilitasse a recuperação do que já havia sido feito anteriormente. Estas questões, colocadas uma a uma, constituem um recorte da realidade encontrada.

> As questões são tratadas em separado, mas o pré-diagnóstico que é elaborado permite relacionar os problemas encontrados com a atividade desenvolvida.

Nesse momento, os resultados das observações livres fornecem dados suficientes para elaborar hipóteses explicativas sobre as origens dos problemas, relacionando a atividade com os problemas expressos na demanda e reiterados ao longo do processo de análise. Pode-se dizer que grande parte do trabalho já foi feita, uma vez que as observações sistemáticas servirão para demonstrar as hipóteses construídas em conjunto com os outros atores sociais envolvidos.

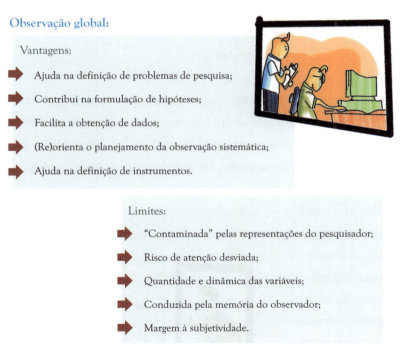

Observação global:

Vantagens:
- Ajuda na definição de problemas de pesquisa;
- Contribui na formulação de hipóteses;
- Facilita a obtenção de dados;
- (Re)orienta o planejamento da observação sistemática;
- Ajuda na definição de instrumentos.

Limites:
- "Contaminada" pelas representações do pesquisador;
- Risco de atenção desviada;
- Quantidade e dinâmica das variáveis;
- Conduzida pela memória do observador;
- Margem à subjetividade.

Nessa fase, deve-se ficar atento aos fatores estáveis e aos aleatórios, que podem interferir na qualidade e representatividade dos dados. Dentre os fatores estáveis, podemos citar como exemplo:

- Os períodos e a duração da observação da atividade inscritos no interior da jornada de trabalho ou a escolha da jornada completa; e
- Os turnos, com suas respectivas rendições, abordando períodos de atividades administrativas, manutenção, urgências, além das atividades próprias à organização.

É importante verificar a pertinência das categorias de observação utilizadas e, caso seja necessário, redefini-las. De forma geral, utilizam-se três parâmetros para proceder a tal análise:

- A representatividade da atividade de trabalho estudada – o que se está observando realmente possui relação com os problemas levantados na demanda?
- A pertinência do setor estudado – é neste setor que o problema se manifesta claramente? Existem outros setores que podem estar envolvidos na gênese do problema?
- A qualidade dos dados já coletados – o material obtido pelas observações tem relação com o problema estudado e ajuda a responder às questões colocadas?

Os fatores aleatórios podem ser identificados no curso das observações e levar a uma nova recodificação. Ao final da etapa de observações globais, o ergonomista terá condições de listar os fatores ou aspectos do trabalho mais relevantes para o estudo da situação de trabalho, possibilitando a elaboração de um pré-diagnóstico, a (re)formulação das hipóteses e a definição dos parâmetros para as observações sistemáticas.

6.2.7 Elaboração do pré-diagnóstico

Mostramos que a análise da tarefa é realizada por meio da coleta de informações indiretas sobre o trabalho. Na análise da atividade são utilizadas observações do trabalho efetivo. Em condições específicas, são adotadas diferentes técnicas para se obter informações (observações gerais, observações sistemáticas, crônicas de atividade, verbalizações). Nessa perspectiva é que se busca tecer uma coerência entre as diversas etapas da AET, pois uma grande quantidade de informações foi reunida e uma série de interlocutores contatados. Este processo é conduzido por um grupo de pessoas que o constroem, resultando numa maneira de trabalhar em conjunto.

O pré-dignóstico resulta da articulação dos dados resultantes:
- Das hipóteses iniciais;
- Das observações livres;
- Da complexidade e variabilidade das situações de trabalho;
- Do funcionamento da empresa;
- Dos conhecimentos do ergonomista.

Foco na problemática

O pré-diagnóstico:

- O ergonomista é levado a formular várias hipóteses.

- Enunciado provisório de relações entre certas condições de execução do trabalho, características da atividade e resultados da atividade.

- É elaborado a partir dos dados obtidos ao longo da investigação, do funcionamento da empresa, das observações globais livres e dos conhecimentos do ergonomista.

Quantas decisões, conflitos, momentos de dúvida, dificuldades para definir quais dados seriam mais pertinentes, qual seria o tratamento estatístico mais adequado, como resolver as contradições detectadas, fizeram parte do processo de análise? Neste momento, o da elaboração do pré-diagnóstico, uma parte substancial da análise já foi efetuada. As hipóteses a serem formuladas constituem uma síntese dos problemas encontrados. Como por exemplo:

- O sistema não funciona porque os trabalhadores são obrigados a consultar informações pouco disponíveis, o que os leva a buscar atalhos no sistema;
- Os constrangimentos impostos pela organização do tempo de trabalho acarretam um enrijecimento postural, fator predisponente para problemas ósteo-musculares;
- O acúmulo de clientes em determinado horário faz com que os trabalhadores apressem os atendimentos, fato que aumenta a inconsistência das informações e acarreta retrabalho, na forma de novos atendimentos;
- O formato da empunhadura de uma determinada ferramenta impõe ao trabalhador uma hiperextensão do punho;
- O posto de trabalho não está adequado, pois para operar a ponte rolante o trabalhador é obrigado a curvar o tronco para enxergar;
- As informações pertinentes para o bom andamento do processo não estão formalizadas nos procedimentos, os trabalhadores desenvolveram um sistema de comunicação alternativo para garantir a produção e a segurança;
- Em situações de manutenção do sistema, o risco de acidente aumenta, pois as ações dos trabalhadores são realizadas em locais não apropriados;
- O uso de equipamento de proteção individual impede o andamento adequado da produção no momento do transporte do material, por isso não é usado;

- Para projetar a sala de controle é importante considerar as comunicações e a busca de informação entre os trabalhadores da sala e os que estão na área;
- O pessoal de enfermagem busca reduzir os deslocamentos exaustivos ao longo do dia, agrupando as ações;
- O trabalhador da limpeza executa outras tarefas, como o diálogo com os pacientes;
- O motorista do ônibus, o agente de estação, o ascensorista informam os passageiros, ações não previstas no projeto da tarefa e, portanto, não consideradas na disponibilização de informações pertinentes e na avaliação do trabalho realizado.

Esses são exemplos diversificados para mostrar diferentes situações e hipóteses possíveis. Retomemos agora o exemplo específico da gráfica. A hipótese explicativa pode se restringir à avaliação da exposição aos produtos químicos. Podemos, com base nos dados já coletados, supor que o ruído das máquinas interfere no conforto ambiental, ou mesmo na produtividade, mas não contribui para aumentar o risco de maneira substantiva, pois os níveis medidos estão um pouco abaixo dos limites de tolerância. Isso não significa que o diagnóstico deva ignorar esse elemento, contudo ele condiciona o olhar das demais análises. Isso porque o ruído atrapalha as comunicações e não se sabe se a exposição a vários agentes nocivos pode ter um efeito aditivo.

A demonstração das hipóteses levantadas no pré-diagnóstico constitui o eixo central que determina o direcionamento da análise da atividade. Contudo, outros objetivos devem ser integrados a esta demonstração. A análise da atividade não pode se restringir apenas a um procedimento de verificação de hipóteses, mas manter uma abertura à observação e à investigação dos elementos úteis ao aprofundamento e à compreensão da atividade, ou seja, o que a condiciona e quais são suas consequências.

As hipóteses se apóiam na atividade:

➡ Relações diretas entre as condições de trabalho e suas consequências para a saúde dos operadores;

➡ Identificar numa situação de trabalho os elementos dos quais se conhecem os efeitos nefastos para corrigi-los;

➡ É na atividade que se concretizam os efeitos das condições de execução do trabalho.

A formulação de diagnóstico visa:

- Reformular as questões iniciais;
- Formular as hipóteses de base;
- Orientar as investigações necessárias à produção destes conhecimentos;
- Contribuir para desvendar as estratégias usadas pelos operadores;
- Apreender a atividade de trabalho primeiro resultado tangível;
- Contribuir para a mudança das representações sobre o trabalho.

6.2.8 Observações sistemáticas

A observação sistemática é realizada a partir de um recorte das ações dos trabalhadores. Observar a atividade ajuda a distinguir as dimensões relevantes que se quer demonstrar em referência às hipóteses formuladas ao longo da ação ergonômica.

Observação:

- Coleta de informações no momento do exercício efetivo de trabalho;
- Pode ser realizada de maneira aberta – ocorre por ocasião das primeiras visitas ao posto de trabalho; sistemáticas – coleta de informações com objetivos precisos;
- A observação em si é o processo que permite ao pesquisador tomar conhecimento dos elementos de uma dada situação.

Na sua atividade de trabalho, o sujeito utiliza uma gama importante de funções fisiológicas e psicológicas. Para o observador esta atividade se manifesta por meio de comportamentos visíveis: gestos, posturas, ações sobre o dispositivo técnico, comunicações etc.

A descrição destes comportamentos deve assegurar a coerência das modalidades de variáveis escolhidas, para permitir a coleta de informações úteis à compreensão da atividade e, ainda, fornecer elementos que permitam elaborar as possíveis transformações da situação de trabalho.

Observação sistemática:

Exemplos de variáveis:

➡ Na estrutura dos processos técnicos;

➡ No arranjo físico;

➡ Nas ferramentas e nos meios de comunicação;

➡ Nas relações entre as variáveis.

A natureza dos dados que desejamos obter na ação ergonômica é que determina a modalidade de observações sistemáticas que vamos adotar. Às vezes, podemos utilizar diferentes formas de observação em uma mesma análise, conforme ilustrado a seguir.

Observações Sistemáticas:

Cursivas

Consiste em observar a atividade, segundo a segundo, durante um intervalo de tempo estabelecido.

Objetivos: a) estabelecer um curso da ação ou atividade; b) identificar a distribuição da atividade na jornada; c) quantificar ações e operações.

Participativas

Consiste em observar o sujeito realizando a tarefa, fazendo perguntas sobre "o quê", "como", "para quê", "em quais condições"...

Objetivos: a) compreender os determinantes da atividade; b) redefinir a demanda; c) redefinir o percurso da investigação; d) qualificar os dados quantitativos.

Não-Participativas

Consiste em observar criteriosamente uma atividade em função das variáveis definidas *a priori*, sem a intervenção do pesquisador.

Objetivos: a) reconstruir a atividade do sujeito; b) estabelecer critérios quantitativos; c) formular questões para investigação; d) obter informações precisas em atividades de curta duração ou risco elevado.

Pensar em Voz Alta (*Think Aloud*)

Consiste em solicitar ao observado que realize suas tarefas verbalizando seus pensamentos e ações.

Objetivos: a) verificar as estratégias operatórias; b) verificar as representações para ação; c) clarificar os determinantes da ação; d) qualificar os dados quantitativos.

Todas as observações, que têm por objetivo identificar a lógica interna da atividade, devem considerar os fatores significativos, o desenvolvimento das ações, seus encadeamentos e suas relações. Na prática, por exemplo, isso significa anotar as ações do trabalhador em um dispositivo técnico, principalmente aquelas diferentes do seu modo operatório habitual, além das fontes de informações e das trocas verbais e/ou gestuais.

Alguns fatos são quase sempre indicadores das dificuldades encontradas pelo trabalhador: intervenções mais demoradas, hesitações ou precipitações, paradas súbitas das máquinas etc.

Algumas características e limites da observação sistemática na abordagem ergonômica interferem de forma significativa no diagnóstico da situação para as quais o ergonomista deve estar atento:

As características da observação sistemática
- Escolha das categorias de variáveis;
- Escolha da codificação – natureza dos dados;
- Definição das situações a serem observadas;
- Intervenção mínima sobre a situação; e
- Replicabilidade.

Os limites da observação sistemática na abordagem ergonômica
- Capacidade do observador;
- Pertinência da codificação;
- Caráter manifesto dos acontecimentos codificados; e
- Replicabilidade difícil.

A análise da atividade é desenvolvida em um determinado momento, em condições específicas, enquanto as outras abordagens se apóiam em representações do trabalho, seus determinantes, suas consequências, mas, em geral, fora do local de trabalho.

Retomemos o exemplo da Gráfica. As observações globais apontaram que o contato com os produtos químicos é constante. Também identificamos que a exposição é elevada significativamente em dois momentos:

1. **No ajuste das máquinas;**
2. **Na lavagem das peças internas (rolos de impressão).**

Por isso mesmo, efetuar observações sistemáticas nesses momentos permite recuperar as questões colocadas no momento da demanda e compreender a atividade, identificando os elementos nocivos à segurança e à produtividade. Na ação de limpar os rolos, o funcionário deve retirá-los da máquina e levá-los para um tanque.

Para lavar, primeiramente ele utiliza um tipo específico de solvente que retira a parte mais abundante da tinta. Em seguida, o rolo é lavado com sabão e água. Uma vez limpo, outro tipo de solvente é utilizado para retirar possíveis resquícios de tinta, que podem comprometer a qualidade da impressão. Finalmente, uma nova limpeza com água e sabão é feita para retirar o excesso de solvente. O mesmo procedimento é executado para os 4 rolos.

A observação sistemática revela detalhes importantes. Podemos verificar, no gráfico abaixo, que há um acréscimo significativo de tempo entre a limpeza de um rolo e do outro, apesar de o procedimento ser o mesmo.

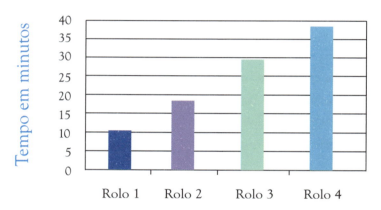

Podemos verificar que o rolo 4 demorou três vezes mais que o rolo 1 para ser limpo. O motivo não está associado à dificuldade da ação, uma vez que todos estavam no mesmo local e não há por que supor que um rolo estivesse mais sujo do que o outro. No decorrer das observações perguntamos ao funcionário se ele ia se cansando à medida que limpava os rolos. O intuito era descobrir se o tempo aumentava em função do provável cansaço acumulado. Segundo ele, "*é... cansa um pouco, mas não é muito. O rolo até que é leve e tenho que esfregar pouco. O resto é o solvente quem faz*".

Durante as observações identificamos que, durante os dois momentos em que ele manipulava o solvente, elevava a cabeça em direção à janela. Quando indagado sobre a razão desse procedimento, ele respondeu que o solvente irritava os seus olhos e respirá-lo o deixava tonto. A medida do tempo da ação dessa atividade demonstrou que sua frequência aumentava. Da mesma forma, permitiu explicar que o aumento do tempo de limpeza estava associado à dificuldade de realizar a tarefa. A estratégia operatória adotada por ele foi diminuir o ritmo de execução do trabalho tentando minimizar os efeitos tóxicos ao respirar o ar que vinha das janelas. Um dia, ao término da limpeza do 4º rolo, enquanto secavam, o funcionário verbalizou: "*quando tenho que lavar os rolos eu fico acabado o dia inteiro!*".

É possível, pelo exemplo, demonstrar que a atividade de trabalho se desenvolve dentro de limites nem sempre previstos nas tarefas. As imposições do contexto, como a arquitetura do prédio (local da janela e do tanque), a idade das máquinas, o tipo da impressão, equipamentos de proteção etc., requerem do trabalhador investimentos de natureza física, cognitiva e afetiva. Esses investimentos visam minimizar os efeitos do trabalho sobre a sua saúde sem, no entanto, deixar de lado a produção. São os resultados desses compromissos possíveis que acabam por manifestar seus efeitos em longo prazo.

Vamos apresentar outro exemplo que ilustra essa fase da análise ergonômica. Imagine como contexto, uma escola especializada em cursos técnicos a distância pela Internet, e como objeto de análise o trabalho dos tutores. A demanda foi formalizada pelos diferentes interlocutores com as seguintes formulações: pela administração, alta rotatividade dos tutores; pelos tutores, excesso de tarefas concomitantes – que interfeririam diretamente no seu desempenho, inadequação do sistema informatizado da escola, responsável pelas interações entre tutores e alunos. Esses profissionais tinham como atribuição mediar a relação entre os alunos e a instituição, e como principais atribuições (descritas nos documentos da escola):

a) Responder às dúvidas relacionadas aos conteúdos de sua competência e responsabilidade;

b) Elaborar e ministrar debates e aulas virtuais, atender às solicitações que chegam por e-mail, por *chat* e por telefone (em um prazo máximo de 4 horas);

c) Manter-se atualizado com os novos conhecimentos produzidos; e

d) Assegurar o suporte necessário aos demais professores do curso.

A análise preliminar apresentou algumas características que impactavam no trabalho dos tutores:

■ As demandas recebidas pelos meios de comunicação citados eram de natureza muito variada, comportando desde dúvidas sobre o conteúdo, exercícios e pontuação das atividades até solicitações administrativas e técnicas, apesar de a escola contar com setores parar atender a esse tipo de demanda. Identificamos, ainda, várias comunicações de natureza social, evidenciando a dimensão afetiva da relação entre o tutor e os alunos; e

■ A necessidade de utilizar diferentes aplicativos informatizados para realizar seu trabalho: editores de texto, bancos de dados, navegadores de Internet e gerenciadores de correio eletrônico. Esses aplicativos possuíam interfaces e lógicas diferenciadas de utilização.

Após a consolidação dessas informações, obtidas no decorrer da análise da tarefa, realizamos um conjunto de observações sistemáticas com o objetivo de verificar o impacto das ferramentas e a variabilidade do trabalho no desempenho dos tutores.

Verificamos uma atividade de gestão constante entre os vários aplicativos disponíveis, na tentativa de atender às diversas solicitações. Essa situação exige dos tutores atenção constante, considerando que cada aplicativo é construído com uma lógica de utilização e um tipo específico de informação a ele relacionado.

A figura a seguir demonstra que os tutores utilizam até 7 aplicativos ao mesmo tempo (nas faixas horizontais, em cinza). Para tanto, eles alternam frequentemente de um aplicativo "A" para outro "B", representada pela linha preta. Em um período de 60 minutos observamos que essa mudança ocorre 136 vezes. Tal estratégia gera obstáculos para a resolução de problemas, uma vez que exige que os tutores recuperem "o fio da meada" a cada interrupção. Podemos afirmar que essa alternância não ocorreu em função de uma possível falta de experiência dos tutores, mas, sim, pelas características da tarefa e da natureza das demandas colocadas pelos alunos.

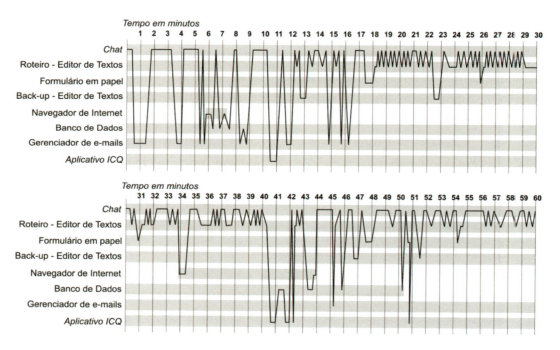

Da mesma forma, as observações sistemáticas permitiram verificar as estratégias utilizadas pelos tutores para gerenciar seu trabalho: dependendo da tarefa a ser executada, alguns aplicativos eram "ignorados" para que o trabalho tivesse continuidade. Após a conclusão de uma determinada etapa, a nova demanda era analisada. Esse estudo permitiu apontar a ineficiência do suporte informatizado e ofereceu subsídios para sua melhoria.

Conforme ilustram os exemplos, podemos afirmar que a análise da atividade revela detalhes sobre as estratégias e ações das pessoas, explicitando em última medida a "intimidade do trabalho".

A atividade de trabalho se desenvolve dentro de limites temporais, mais ou menos prescritos, determinados pela organização do trabalho, na dependência de outros trabalhos, pelo funcionamento dos dispositivos técnicos, pelas propriedades dos produtos fabricados etc.

As dificuldades encontradas pelo trabalhador, os problemas a serem resolvidos e o nível de aprendizagem estão também inscritos numa relação temporal. Assim sendo, a medida do tempo é uma variável determinante na análise da atividade, pois ela permite a sua contextualização e as imposições às quais o trabalhador é submetido. Cabe ao ergonomista explicar ao trabalhador a importância da medida do tempo, a fim de evitar possível confusão com a cronometragem tradicional, em geral, utilizada como avaliação de desempenho.

As categorias usuais de observação em ergonomia são comentadas a seguir considerando sua utilização nas observações sistemáticas.

6.2.8.1 Variáveis usuais coletadas durante a análise da atividade

6.2.8.1.1 A localização e os deslocamentos

Essas variáveis permitem identificar:
- A etapa da tarefa;
- As estratégias de busca de informação, hierarquização das ações;
- Locais para definição do arranjo físico; e
- Necessidade de se buscar informações em locais diferentes.

Por exemplo, na gráfica, no SETOR DE IMPRESSÃO o mapeamento dos locais onde as pessoas mais circulam e dos equipamentos mais usados, considerando a periodicidade da tarefa e o horário, pode ser útil para redimensionar a sala, redesenhar o arranjo físico, ou mesmo para sugerir transformações na organização do trabalho.

Vamos analisar o croqui ao lado:

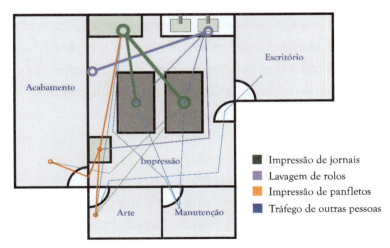

Fluxo de pessoas entre os setores

Agora compare com o diagrama de **curso da ação**:

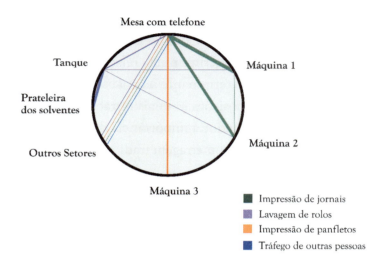

Diagrama de curso da ação:

Com base nesses dados podemos verificar quais são os elementos mais privilegiados na ação do funcionário, em cada etapa. A mesa com telefone é um local de convergência. Será que o arranjo físico atual é o mais adequado considerando tais elementos? Outros detalhes podem ser relevantes para propor um rearranjo: (a) o fluxo de pessoas de outros setores dentro do Setor de Impressão; (b) a lavagem dos rolos depende pouco do contato com as máquinas (somente para retirá-los e recolocá-los); (c) o fluxo mais intenso é entre a mesa e as máquinas maiores. No entanto, o ruído produzido pelas máquinas pode interferir na comunicação, daí advém a necessidade de se proceder a uma análise articulando as variáveis do contexto.

6.2.8.1.2 A exploração visual

Consiste em identificar em que parte do sistema técnico ou do ambiente o trabalhador busca informações visuais. A posição da cabeça e a orientação dos olhos de um indivíduo permitem inferir de forma relativamente confiável, para onde se dirige o seu olhar. Esta categoria permite identificar:

- As fontes de informação utilizadas;
- A frequência de seu uso; e
- A sequência da busca.

Retomemos o exemplo da impressão: quais são os elementos privilegiados visualmente pelo trabalhador? A própria máquina de impressão que exige manutenção constante, de longe ou de perto, e os colegas de trabalho, pois parte importante da comunicação ocorre por meio de gestos e sinais decorrentes do ruído. Por exemplo, as exigências visuais da tarefa aproxima o trabalhador dos produtos nocivos, aumentando a inalação?

No caso da impressão, como ele tem diferentes elementos a serem acompanhados simultaneamente, e todos exigem atenção, talvez pudéssemos agrupá-los para facilitar a identificação ou modificar a sequência da ação para evitar fadiga pela solicitação de acomodação constante do campo visual.

6.2.8.1.3 As comunicações

As comunicações entre os indivíduos no trabalho podem se apresentar nas formas de verbalização, por meio dos gestos e da escrita, utilizando suportes diversificados (telefones, documentos, meios eletrônicos, entre outros). A análise das comunicações no caso da observação sistemática permite identificar:

- Aspectos coletivos da atividade;
- A natureza e o conteúdo da comunicação;
- Os interlocutores privilegiados;
- Os momentos, as falhas, os códigos;
- A frequência das comunicações; e
- Informações úteis para interpretação de dados coletados em outras categorias.

As dimensões coletivas da atividade:

➡ A cooperação explícita para a realização conjunta de uma mesma tarefa;

➡ Os aspectos coletivos que se manifestam apenas nos resultados do trabalho;

➡ A atividade simultânea de trabalhadores que têm objetivos diferentes;

➡ As atividades de regulação estrutural.

Tomemos como exemplo um estudo realizado com os enfermeiros de um centro cirúrgico de um hospital. As comunicações entre os enfermeiros foram quantificadas. Ao buscar compreender sua atividade e a distribuição do tempo na sua jornada de trabalho no centro cirúrgico, observamos que a comunicação assume um papel fundamental. O trabalho desenvolvido é fundamentalmente de natureza coletiva. Cada trabalhador necessita de informações e a sequência da ação de outros profissionais pode ser o início de novo ciclo. A precisão entre os desempenhos individuais muitas vezes resulta no sucesso ou fracasso de um processo cirúrgico.

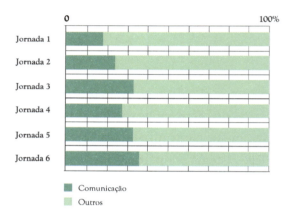

Percentual de tempo destinado às comunicações pelos enfermeiros

Toda atividade é mediada pela comunicação entre os enfermeiros e deles com outros profissionais. Os temas são diversos, desde acordos sobre folgas e plantões até resolução de problemas que possam ocorrer (como falta de material, medicamentos ou pessoal). A importância do processo de comunicação, como ressaltada no gráfico, no qual em cada jornada de trabalho um enfermeiro pode despender até 30% do tempo de trabalho trocando informações com outros profissionais, permite compreender a função de gestão desempenhada pelo enfermeiro.

As comunicações não são somente verbais, e podem se apoiar em códigos combinados de antemão. Em todos os casos elas se inscrevem num contexto: cada um dos protagonistas está engajado numa ação. Interpreta as informações que lhe chegam a partir de sua localização naquele momento e do que sabe a respeito da ação do outro.

Voltando ao Setor de Impressão, essa variável é muito importante dada a dificuldade de se comunicar verbalmente. A frequência de comunicação é reduzida e o contato com outros setores é feito pessoalmente ou por telefone. Quando as máquinas estão em funcionamento e o operador precisa utilizar o telefone a comunicação pode ficar comprometida. Assim, os contatos são feitos somente para assuntos inadiáveis (como a mudança na data de entrega, ou uma demanda com caráter de urgência). A comunicação entre os funcionários do setor é ainda mais prejudicada pelo uso dos protetores auriculares. Como a regulação das demandas é feita com base na capacidade das duas máquinas grandes, os trabalhadores têm que conversar para decidir o trabalho a ser impresso dependendo do serviço e das tintas usadas (por exemplo, se terá de lavar os rolos ou não). Segundo um deles, "*o protetor devia se chamar atrapalhador... se a gente usar, não trabalha*".

6.2.8.1.4 As posturas

As posturas constituem um indicador complexo da atividade e das dificuldades e/ou imposições relacionadas a ela. A categoria postura, na observação sistemática, apresenta dificuldades técnicas diferentes, que dependem do tipo de hipótese a que está associada e da natureza da atividade observada. A postura pode ser considerada como responsável:

- Pela manutenção do equilíbrio;
- Pelo suporte do gestual de trabalho;
- Pelo suporte da busca de informação visual;
- Pela fadiga física e visual; e
- Pelas relações entre as características antropométricas do operador e as características físicas do posto de trabalho.

Retomemos o caso da impressão, onde essa é uma variável que pode se constituir em uma fonte de fadiga. A atividade dos operadores exige acompanhamento e manutenção constante nas máquinas, requerendo postura em pé: quer debruçado sobre o equipamento para regular alguns controles e manejos ou abaixado para fazer a leitura dos *displays*. Eles, também, devem avaliar o material impresso (curvados sobre a mesa) e retirar, se necessário, peças do equipamento para limpeza. Por isso, parte das queixas se refere às dores lombares e cervicais decorrentes da fadiga pela postura em pé. Sempre que possível eles retornam à mesa para se sentar e, assim, minimizar o desconforto resultante das posturas adotadas durante o período de operação e de manutenção das máquinas.

6.2.8.1.5 As ações

Observar uma ação consiste em identificar os gestos, os objetos manipulados em um contexto cuja combinação tem um significado para o trabalhador, que precisa ser desvendado pelo observador. Nesse sentido, é necessário explicar os elementos que compõem a ação para o ergonomista.

Uma ação tem sempre um objetivo para quem a desenvolve, que nem sempre é acessível simplesmente pela observação, devendo o ergonomista buscar por meio da verbalização as razões que levam o trabalhador a agir desta forma.

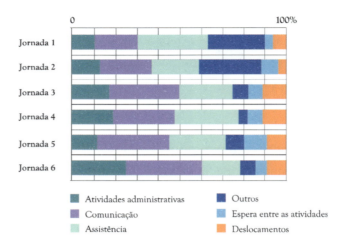

Distribuição temporal das atividades dos enfermeiros

- Atividades administrativas
- Comunicação
- Assistência
- Outros
- Espera entre as atividades
- Deslocamentos

As ações podem se superpor umas às outras, por exemplo, um gesto de preparação simultâneo a um gesto de execução. Este fato pode levar o ergonomista a propor recortes que são indispensáveis para a observação sistemática. Entretanto, podemos também correr o risco de perder a lógica interna da atividade. Esta lógica só pode ser validada pelo trabalhador.

6.2.8.1.6 As verbalizações

Recorrer às verbalizações é necessário em diferentes etapas da ação ergonômica. Os primeiros contatos com o trabalhador têm os seguintes objetivos:

- Compreender as principais características da atividade;
- Identificar a representação que ele tem do sistema técnico; e
- Familiarizar o ergonomista com o vocabulário profissional.

Durante os períodos de observação sistemática, as verbalizações permitem compreender melhor o desenvolvimento da atividade. Podemos distinguir duas grandes modalidades:

- As verbalizações simultâneas às realizações do trabalho: permitem, por exemplo, identificar que tipo de informação o trabalhador utilizou para desenvolver

Momentos da verbalização:
Antes / Durante / Depois

sua ação. Sua vantagem reside no fato de permitir obter informações no contexto da atividade.
- As verbalizações posteriores ao trabalho: em geral, são obtidas apresentando ao trabalhador os resultados das observações e podem servir como suporte para se obter explicação das razões de determinadas ações. Elas permitem, também por meio do diálogo, identificar eventos ou incidentes que não ocorreram durante os períodos de observação.

Verbalização e atividade:

- O que você está fazendo?
- Como você faz?
- O que leva você a fazer assim?
- Você sempre consegue um bom resultado?
- Isso sempre ocorre assim?
- E quando há uma perturbação?

Na etapa de interpretação dos resultados, as verbalizações contribuem para elaboração e validação do diagnóstico final.

Cada uma das etapas tem objetivos bem-definidos para o ergonomista. A qualidade das informações obtidas nas verbalizações depende dos diálogos que o ergonomista é capaz de estabelecer com os trabalhadores.

As categorias de verbalizações podem ser de duas naturezas:
- As que concernem às condições de trabalho e sua variabilidade; e
- As obtidas durante a realização da atividade observada pelo ergonomista.

A percepção dos trabalhadores sobre a sua situação de trabalho é necessária na medida em que eles detêm conhecimentos específicos sobre:
- A variabilidade da situação de trabalho;
- Os incidentes;
- Os ajustes;
- As exigências do trabalho não formalizadas; e
- As inter-relações construídas na consecução da tarefa.

Esses conhecimentos são indispensáveis para um diagnóstico adequado e também na formulação dos projetos de transformação.

6.2.8.1.7 Instrumentos e outras técnicas

Como já vimos no decorrer deste capítulo, os instrumentos e procedimentos propostos são permeados por uma flexibilidade procedimental que acompanha o desenrolar da análise. Vamos detalhar aqueles que usualmente dão suporte ao processo de análise.

Coleta de dados – instrumentos:
- Análise de documentos;
- Observação livre;
- Entrevistas;
- Medidas ambientais;
- Observação sistemática;
- Questionários.

Quando necessitamos de dados de natureza macro, utilizamos questionários pois eles nos auxiliam a construir uma visão topográfica da situação. Eles são úteis, sobretudo, quando queremos trabalhar com dados da população ou, ainda, comparar a evolução de diferentes situações. Eles podem ser construídos de diferentes formas, como ilustra a figura abaixo.

Questionários:

Questões abertas (mais qualitativo)

Consiste em formular questões em que o respondente pode se manifestar livremente.

Objetivo: Obter a representação do sujeito sobre o assunto/variável ou obter informações detalhadas.

Questões fechadas (mais quantitativo)

Consiste em formular questões às quais o respondente deve dar respostas precisas, geralmente optando entre um rol de alternativas.

Objetivo: Obter respostas precisas sobre um tema, geralmente aplicado quando se sabe exatamente qual a informação desejada.

Survey

Consiste em um instrumento com questões assertivas sobre um assunto em que o respondente deve atribuir um valor de acordo com uma escala de respostas.

Objetivo: Obter a percepção e a opinião do sujeito sobre um assunto.

As entrevistas são instrumentos muito usuais em ergonomia. A escolha da modalidade varia em função do momento da ação e dos objetivos que se pretende alcançar com esta técnica.

Entrevistas:

Aberta
Consiste em realizar uma série de perguntas sem um planejamento prévio rigoroso e sem estrutura definida.

Objetivo: Obter informações gerais sobre o trabalho realizado, permitindo um recorte mais fino da situação.

Semi-estruturada
Consiste em formular questões específicas a partir de um roteiro predefinido, porém não rígido.

Objetivo: Obter informações detalhadas sobre determinada situação de trabalho.

Fechada
Consiste em formular questões pontuais com um roteiro fixo e estruturado e com respostas predefinidas.

Objetivo: Obter informações específicas e objetivas sobre a situação de trabalho.

6.2.8.1.8 O ambiente físico

Durante a ação ergonômica, pode-se identificar a necessidade de se mensurar alguns parâmetros relacionados às características do ambiente físico de trabalho. Contudo, a análise desses parâmetros só tem sentido quando for possível associar sua influência sobre a atividade que se observa relacionando com os possíveis riscos à saúde e à eficiência do processo produtivo. Por exemplo, só fazemos medida de iluminação em uma oficina, caso ela possa ser correlacionada com as exigências visuais do trabalho ali realizado.

As características do meio ambiente variam com as estações do ano, do momento do dia, do número de máquinas em funcionamento etc. Essas variáveis devem ser consideradas no momento de se fazer medidas, sobretudo no momento de analisar os dados obtidos.

Antes de proceder a qualquer medida ambiental, é necessário conhecer a situação de trabalho e as atividades desenvolvidas no local, pois só assim serão estabelecidos de forma coerente:

- Os locais apropriados;
- As técnicas de medição.

Medidas ambientais:

Exemplos de variáveis:

→ Pressão sonora;

→ Temperatura ambiente;

→ Luminosidade;

→ Mensuração do espaço físico;

→ Radiações;

→ Umidade...

Os resultados devem estar em correlação com os da análise da atividade e serem validados tanto pelos operadores quanto pelos técnicos da empresa.

Integram ainda procedimentos possíveis na AET, instrumentos e técnicas de coleta de dados que podem se mostrar úteis durante o desenvolvimento do método. Dentre eles, vale salientar:

Análise de documentos

Consiste em estudar os documentos disponibilizados pela empresa sobre a situação de trabalho, incluindo clientes internos e externos e o contexto sociotécnico da organização.

Objetivos: a) obter informações gerais sobre a tarefa; b) delimitar a demanda; c) obter informações estatísticas sobre o trabalho (acidentes, rotatividade, produtividade, absenteísmo, doenças ocupacionas, entre outros).

Mensuração

Consiste em aferir com instrumentos apropriados e calibrados variáveis determinantes das condições físicas do trabalho, como iluminação, ruído, temperatura, espaço físico, mobiliário, ventilação.

Objetivo: a) obter informações para a transformação do ambiente físico de trabalho a fim de assegurar ao trabalhador conforto, segurança e condições de produtividade.

Confrontação

Consiste em promover uma devolução dos dados/resultados coletados aos trabalhadores.

Objetivos: a) validar as informações coletadas; b) validar as análises qualitativas dos dados; c) promover o realinhamento do percurso de investigação; d) reformular a demanda; e) obter sugestões para a transformação do trabalho.

Em ergonomia têm-se utilizado diferentes sistemas auxiliares no registro das observações, recorrendo ou não ao uso de instrumentos. A definição desses sistemas de registro no decorrer das observações depende:
- Da definição prévia das variáveis a serem analisadas;
- Do tipo de dados que se pretende obter;
- Da possibilidade de se instalar equipamentos no local da observação;
- Se as observações são instantâneas ou contínuas.

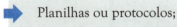

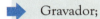

- Planilhas ou protocolos;
- Gravador;
- Câmeras fotográficas ou VHS;
- Desenhos, croquis...

Usualmente, para as situações de pesquisa e/ou intervenção, os registros têm sido feitos a partir de:
- Papel e lápis;
- Aparelho de registro gráfico;
- Aparelho de registro eletrônico;
- Magnetofone;
- Filmagem.

6.2.9 Validação

A validação dos dados ocorre em diferentes momentos de uma ação ergonômica. Desde a análise da demanda é necessário que os diferentes atores sociais considerem que o seu ponto de vista foi contemplado na discussão, que foi confrontado com o dos outros interlocutores. Esse procedimento favorece o processo de negociação e a decisão final, sobretudo se elas implicam proposições de mudança e se servem como subsídios para as negociações e as decisões posteriores.

A interpretação dos dados relativos ao funcionamento da empresa, ao processo técnico, à tarefa, aos dados demográficos, aos dados de produção, bem como aos de saúde, deve ser feita em conjunto com os profissionais responsáveis pela produção destes. Há sempre um trabalho de tradução e de interpretação por parte do ergonomista, uma vez que os atores sociais não são especialistas em tudo. Este cuidado facilita não somente o entendimento, mas também propicia maior integração.

Após a análise dos dados resultantes da observação sistemática, é fundamental um momento de retorno, de maneira organizada, das informações aos trabalhadores que estão participando diretamente da análise. Após o registro dos dados é importante que a sua interpretação seja feita de maneira a explicitar a ação empreendida. O sentido da ação só pode ser recuperado neste processo de explicitação.

Após a explicitação dos resultados procede-se a uma validação no sentido das conclusões que farão parte do relatório a ser entregue aos interlocutores do processo.

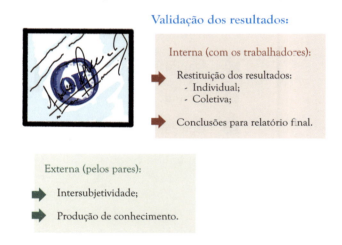

Validação dos resultados:

Interna (com os trabalhadores):

➤ Restituição dos resultados:
- Individual;
- Coletiva;

➤ Conclusões para relatório final.

Externa (pelos pares):

➤ Intersubjetividade;

➤ Produção de conhecimento.

6.2.10 Diagnóstico

O diagnóstico é fruto do processo de análise anteriormente conduzido, e ele não se resume apenas à interpretação dos dados da análise sistemática. Os resultados desta análise resultam de um recorte feito pelos responsáveis pela condução da ação ergonômica visando melhor identificar a expressão dos fenômenos definidos como significativos e, assim, relacionar a atividade desenvolvida com as questões colocadas desde a demanda. Uma parte significativa do diagnóstico já fora enunciada no pré-diagnóstico. Entretanto, isto não significa que o objetivo seja apenas confirmar o pré-diagnóstico; este, como todas as conclusões das diferentes etapas, pode ser parcial ou integralmente refutado. Neste caso, é necessário a reformulação das hipóteses e outro trabalho de observação.

Diagnóstico:

Específico:
- Síntese dos resultados: observações, entrevistas...
- Fatores principais a serem abordados;
- Quadro explicativo: problemas e causas;
- Nova representação da situação: novo olhar.

Global:
- Inter-relação: situação-problema e a organização;
- Determinações globais:
  - política de gestão dos serviços;
  - gestão de pessoal;
  - organização do trabalho.
- Generalização dos resultados;
- Planejamento, transformação, reconcepção.

Após o diagnóstico, a próxima etapa é a elaboração de recomendações que servirão de guia para a concepção e para o projeto das transformações do trabalho. É importante que no diagnóstico esteja presente, de modo mais fiel possível, esta relação entre a atividade e os problemas que originaram a demanda. O que é feito pelos trabalhadores, independentemente do nível hierárquico ou da etapa do processo, é uma síntese daquilo que é definido na tarefa, as características do trabalhador e as condições de desenvolvimento das ações. Por esse motivo, a análise ergonômica da atividade só é possível, se o processo de análise for construído respeitando as diferentes etapas.

A partir do pré-diagnóstico, define-se um plano de observação sistemática, com o objetivo de verificar as hipóteses levantadas e proceder ao tratamento e validação dos dados obtidos até o momento.

Definição do plano de observação:

- Assegurar-se da coerência descritiva das modalidades de registro escolhidas e antecipar as quantificações, as comparações e as inferências que poderão ser feitas a partir dessa observação.
- Coerência descritiva das observações:
  - Definição precisa das variáveis a serem observadas;
  - Coerência lógica do registro.
- Preparação das comparações.

Esses dados devem permitir o diagnóstico das situações de trabalho analisadas e do funcionamento da empresa, com base na articulação entre necessidades da demanda, análise da situação concreta de trabalho e levantamento e verificação das hipóteses.

O diagnóstico fornece subsídios para o processo decisório com relação ao planejamento e à operacionalização das transformações necessárias na situação de trabalho.

6.2.11 Recomendações e transformação

A necessidade de elaborar soluções para os problemas expressos na demanda e explicados pelos resultados obtidos modula uma ação ergonômica. O fato de integrar, durante o processo de análise, diferentes pontos de vista também possilita a construção de soluções mais integradas. Uma análise sistêmica, como a AET, mostra que os determinantes de uma tarefa são múltiplos, com diferentes facetas. Assim sendo, é possível elaborar soluções integradas que contemplem questões referentes aos aspectos físicos do posto de trabalho, as características das ferramentas, a arquitetura dos sistemas de informação, a divisão das tarefas, a organização dos tempos de trabalho, as características do ambiente de trabalho, entre outros. Esta abordagem favorece a elaboração de soluções de acordo com o cenário. Por exemplo, se não há condições no momento de resolver problemas do posto de trabalho, transformações podem ser conseguidas com mudanças na organização do trabalho. A substituição de ferramentas pode trazer um grande alívio, melhorar a qualidade e a produtividade, mas não deve ser seguida de um aumento das cadências, criando um processo recursivo de melhoria seguida de uma degradação do trabalho. O mesmo ocorre ao se incluírem pausas; estas podem ser consideradas como um estorvo se não houver medidas outras para evitar perdas na produção, como melhorias nos equipamentos, na manutenção, na movimentação dos insumos e dos produtos.

Sempre deve ser considerado que as transformações devem ser concebidas e implementadas com cautela, pois ainda não se pode prever a nova situação. Portanto, as recomendações para a transformação devem ser acompanhadas de um processo de concepção, que resultará em um projeto, com a participação dos atores sociais envolvidos no processo de análise. Este envolvimento no processo de concepção/projeto inclui tanto os responsáveis pelo desenvolvimento deste como as pessoas que no futuro trabalharão na nova tarefa ou utilizarão o novo artefato.

6.2.12 Considerações finais

Quando num processo de ação ergonômica ocorrem as transformações? Somente após as recomendações do novo projeto e de sua implantação? De certa forma podemos considerar que, desde o seu início, começa a ocorrer um processo de mudança, uma vez que, para os participantes do processo, sempre há um enriquecimento dos seus pontos de vista com relação ao trabalho dos outros e, também, estão em processo, mudanças nas próprias relações de trabalho. Por isso, uma ação ergonômica deve ser conduzida com cuidado; o respeito às posições, aos pontos de vista alheios é um ponto de partida para se conseguir maior sucesso, mais perenidade com relação à incorporação do trabalho real no projeto e na gestão da produção. Entretanto, é sempre importante se avaliar, principalmente no médio e longo prazos, o que de fato mudou, o que melhorou para os trabalhadores, o que de fato melhorou na produção. Para tanto, quanto mais os conceitos de ergonomia, de respeito ao trabalho dos sujeitos agentes, for incorporado ao universo da produção, maiores serão as possibilidades de reduzir o sofrimento patogênico no trabalho e as perdas com a improdutividade dos sistemas.

Conclusão & Referências

CONCLUSÃO

Este livro pode ser considerado como o primeiro passo no universo da ergonomia. Acreditamos que a leitura destes capítulos serviu, sobretudo, para incitar os leitores a continuarem nesta aventura já trilhada por muitas pessoas, dentre elas, profissionais diretamente envolvidos com a questão do trabalho, pesquisadores, professores, alunos, trabalhadores exercendo os mais diversos papéis em organizações públicas e privadas. Como toda aventura, a ergonomia propicia momentos de muito prazer, com realizações interessantes e também momentos de muita ansiedade.

O campo de atuação em ergonomia tem crescido de maneira substantiva nos últimos anos. As possibilidades de inserção no mundo da produção se tornaram mais diversificadas e os desafios para que os conceitos da ergonomia sejam integrados desde o início de um projeto estão postos. Assim, abre-se o espaço para que o ergonomista possa transformar o trabalho apoiando-se nas atividades desenvolvidas pelos trabalhadores. Nesse sentido, o produto dessas ações pode se tornar referência para melhoria ou, ainda, para que, ao se defrontar com situações favoráveis à saúde e à produção, o ergonomista seja capaz de manter as condições vigentes.

A inserção no mundo do trabalho requer escolhas que englobam questões de natureza diversificada. Com relação à escolha dos métodos, por exemplo, não se trata apenas de buscar um ou outro, conforme a necessidade do momento. Os métodos em ergonomia refletem escolhas epistemológicas que podem definir uma atuação muito diferente dependendo do ângulo pelo qual escolhemos olhar o trabalho humano como objeto de análise.

O enfoque discutido neste livro reflete a abordagem da vertente francofônica, que coloca os trabalhadores e o trabalho real como elementos centrais na condução do processo produtivo. A finalidade de uma análise ergonômica é sempre melhorar as condições de trabalho, dentro de limites considerados aceitáveis para a produção. Assim, no centro da definição da ação ergonômica está a noção de melhoria. Subsidiando a noção de melhoria está a relação homem–trabalho, na qual coexistem o agente da ação (o ergonomista), o sujeito da ação (o trabalhador) e a própria ação (o trabalho).

Desvendar o caminho segundo o qual o trabalhador constrói os problemas com os quais é confrontado, no seu cotidiano, pode constituir uma alternativa para melhor explicar os erros e acidentes do que simplesmente identificar as condições sob as quais os problemas são resolvidos. Desta forma, ao propormos uma abordagem que integra os conceitos de variabilidade, a distância entre o prescrito e o realizado adquire outro significado, torna-se um fator positivo para a produtividade e incorpora as competências do trabalhador no processo produtivo.

A nossa proposta é que cada leitor possa trabalhar com estes conceitos, com os métodos disponíveis e, assim, atingir seus objetivos. Sobretudo, contribuir no sentido de melhorar o trabalho, por meio da concepção de tarefas, que contemplem os diferentes aspectos do seu conteúdo, a maneira como se organiza o trabalho, e as mais diferentes ferramentas.

Nesta perspectiva, procuramos deixar evidente que a opção por analisar as atividades desenvolvidas pelas pessoas implica a valorização do sujeito agente e que a aproximação com a realidade vivida no trabalhar é de suma importância para que se possa trilhar caminhos mais férteis ao se projetarem instrumentos e tarefas. Ainda, as escolhas definem a inserção que cada um terá na sua trajetória, pelas possibilidades de incrementar tecnologias, empreendimentos e políticas públicas que ajudem a fomentar inovações.

Este cenário requer conhecimentos que vão além do conteúdo aqui apresentado, cada escolha, cada posicionamento trará experiências para quem abraçar a ergonomia que, esperamos, sejam muito frutíferas e contribuam para o desenvolvimento humano no trabalho.

Referências

ABRAHÃO, Júlia Issy. Ergonomia; Modelo, Métodos e Técnicas. In: II CONGRESSO LATINO-AMERICANO DE ERGONOMIA E 6. SEMINÁRIO BRASILEIRO DE ERGONOMIA. **Anais...** Florianópolis, 1993.

ABRAHÃO, Júlia Issy. Reestruturação produtiva e variabilidade no trabalho: uma abordagem da ergonomia. **Revista Psicologia:** teoria e pesquisa, jan.-abr. 2000, v. 16, n. 1, p. 49-54, Brasília, 2000.

ABRAHÃO, J. I. ; ASSUNÇÃO, A. A. A concepção dos postos de trabalho informatizados visando a prevenção de problemas posturais. **Revista de Saúde Coletiva da UEFS.** Feira de Santana, v. 1, n. 1, p. 38-45, 2002.

ANDERSON, John Robert. Problem solving and learning. **American Psychologist, n. 48**, p. 35-44, 1993.

ANDERSON, John Robert. **Cognitive Psychology and its implications.** 5. ed. New York: Worth Publishers, 2000.

ANDERSON, John Robert. **Psicologia cognitiva e suas implicações experimentais.** São Paulo: LTC, 2004.

ASSUNÇÃO, Ada Ávila. **De la déficience à la gestion collective du travail: les troubles musculo-squelettiques dans la restauration collective.** Paris, 1998, 207f. Tese (Doutorado). École Pratique des Hautes Études.

BEST, John B. **Cognitive Psychology.** 5. ed. St. Paul, MN: West Publishing Company, 1995.

BODKER, Susanne; GRONBAEK, Kaj. Users and designers in mutual activity: an analysis of cooperative activities in systems design. In: ENGESTRÖM, Yrjö; MIDDLETON, David. **Cognition and communication at work.** New York: Cambridge University Press, 1998.

BRASIL. **Constituição Federal.** República Federativa do Brasil. Brasília: Centro Gráfico do Senado Federal, 1998.

CAILLIET, René. **Dor cervical e no braço.** 3. ed. Tradução de Jacques Vissoky. Porto Alegre: Artmed, 2003.

CAÑAS, José J.; ANTOLÍ, Adoración; QUESADA, José F. The role of working memory on measuring mental models of physical systems. **Psicologica**, v. 22, n. 1, p. 25-42, 2001.

CANÃS, José J.; WAERNS, Yvonne. **Ergonomia cognitiva. Aspectos psicológicos de la interacción de las personas con la tecnología de la información.** Madrid: Editorial Médica Panamericana, S.A., 2001.

COLACIOPPO, Sérgio; SMOLENSKY, M. H. A importância do estudo da ritmicidade biológica para a Higiene e Toxicologia Ocupacional. In: FISCHER, F. M.; MORENO, C. R. C.; ROTENBERG, L. (Org.). **Trabalho em Turnos e Noturno na Sociedade 24 horas.** São Paulo: Atheneu, 2003, v. 1, p. 115-136.

CURIE, Jacques. Condições da pesquisa científica em ergonomia. In: DANIELLOU, François (Coord.). **A ergonomia em busca de seus princípios. Debates epistemológicos.** São Paulo: Edgard Blucher, 2004. p. 19-28.

DEJEAN, P.; PRETTO, J.; RENOUARD, J. **Organiser et concevoir des espaces de travail.** Paris: Anact, 1998.

DEJOURS, Christophe. Por um novo conceito de saúde. **Revista Brasileira de Saúde Ocupacional**, v. 54, n. 14, p. 7-11, 1986.

DESNOYERS; LE BORGNE, D. **Vision et travail in laprotection oculaire.** Montréal. Institut de recherche appliquée sur le travail, 1982.

FALZON, Pierre. **Ergonomia.** São Paulo: Edgard Blucher, 2007, 627p.

FISCHER, Frida Marina; MORENO, Claudia Roberta de Castro; ROTENBERG, Lúcia. **Trabalho em turnos e noturno na sociedade 24 horas.** Rio de Janeiro: Atheneu, 2003.

GADBOIS, C. Horaries Postes et santé. In: **Encyclopedie Medico-Chirurgicale.** Paris: Elsevier, 1998.

GAZZANIGA, M. S.; HEATHERTON, T. F. **Ciência Psicológica: mente, cérebro e comportamento.** Porto Alegre: Artmed, 2005. 624 p.

GINGERENZER, Gerd; TODD, Peter M.; THE ABC RESEARCH GROUP. **Simple heuristics that make us smart.** New York: Oxford University Press, 1999.

GRANDJEAN, E. **Manual de ergonomia:** adaptando o trabalho ao homem. Porto Alegre: Bookman, 1998. 338 p.

GUÉRIN, François; LAVILLE, Antoine; DANIELLOU, François; DURAFFOURG, Jacques; KERGUELEN, A. **Compreender o trabalho para transformá-lo.** A prática da ergonomia. Tradução de L. Sznelwar et al. São Paulo: Edgard Blucher, 2001.

HERCULANO-HOUZEL, Suzana. **O cérebro nosso de cada dia.** Rio de Janeiro: Vieira & Lent, 2002.

HOLYOAK, K. J. Problem solving. In: OSHERSON, D. N.; SMITH, E. E. (Eds.). **An invitation to cognitive science:** v. 3. Thinking. Cambridge, MA: MIT Press, 1990. p. 116-146.

IIDA, Itiro. **Ergonomia:** projeto e produção. 2. ed. rev. e ampl. São Paulo: Edgard Blucher, 2005.

JOUVENCEL, M. Rodriguez. **Ergonomia básica aplicada a la medicina del trabajo.** Madrid: Diaz de Santos, 1994.

KEREN, G. On the importance of identifying the correct 'problem space'. **Cognition**, n. 16, p. 121-128, 1984.

KNOPLICH, José. **Viva bem com a coluna que você tem:** dores nas costas – tratamento e prevenção. 29. ed. São Paulo: IBRASA, 2002.

KROEMER, K. H. E.; GRANDJEAN, E. **Manual de ergonomia, adaptando o trabalho ao homem.** Tradução de Lia Buarque de Macedo Guimarães. 5. ed. Porto Alegre: Bookman, 2005.

LAVILLE, Antoine. **Cadence de travail et posture. Le travail humain.** 1968, p. 73-94.

LAVILLE, Antoine; VOLKOFF, Serge. Age, santé, travail: le déclin et la construction. In: RAMACIOTTI, D.; BOUS-QUET, A. **Ergonomie et Santé**, Actes du XXVIIIème congrès de la SELF, Genève, Sept. 1993, UMTE/ECOTRA, p. XXIX-XXXV.

LLANEZA ALVAREZ, F. J. **Ergonomia y psicosociologia aplicada**: manual para la formación del especialista. 5. ed. Valladolid: Editorial Lex Nova, 2005.

MAGGI, Bruno. O trabalho e a abordagem ergonômica. In: DANIELLOU, F. (Coord.). **A ergonomia em busca de seus princípios. Debates epistemológicos.** São Paulo: Edgard Blucher, 2004. p. 79-104.

MAGGI, Bruno. **Do agir organizacional.** São Paulo: Edgard Blucher, 2006.

MARMARAS, N.; KONTOGIANIS, T. Cognitive Task. In: SALVENDY, G. **Handbook of Industrial Engineering.** New York: John Wiley & Sons, 2001.

MARMARAS, N.; PAVARD, Bernard. Problem-driven approach to the design of information technology systems supporting complex cognitive tasks. **Cognition, technology & work.** London: Springer-Verlag London Limited, 1999.

MATLIN, Margaret. W. **Psicologia cognitiva.** São Paulo: LTC, 2004.

MATOS, Dirce Guilhem de. **O trabalho do enfermeiro de centro cirúrgico: um estudo sob a ótica da ergonomia.** Brasília, 1994. Dissertação (Mestrado). Universidade de Brasília.

MENDES, Ana Magnólia; ABRAHÃO, Júlia Issy. A influência da organização do trabalho nas vivências de prazer-sofrimento do trabalhador: uma abordagem psicodinâmica. **Revista Psicologia:** teoria e pesquisa, v. 2, n. 26, p. 179-184, 1996.

MENNA-BARRETO, Luiz. Cronobiologia Humana. In: FISCHER, Frida Marina; MORENO, Claudia Roberta de Castro; ROTENBERG, Lucia. **Trabalho em turnos e noturno na Sociedade 24 horas.** São Paulo: Atheneu, 2003, p. 33-41.

MONTMOLLIN, Maurice. **A ergonomia.** Lisboa: Instituto Piaget, 1990.

MONTMOLLIN, Maurice. **Vocabulaire de l'Ergonomie.** Toulouse: Octarés Éditions, 1995.

NEWELL; A.; SIMON, H. A. **Human problem solving.** Englewood Cliffs, NJ: Prentice Hall, 1972.

NORDIN, Margareta; FRANKEL, Victor H. **Biomecânica básica do sistema musculoesquelético.** Rio de Janeiro: Guanabara Koogan, 2001.

NORMAN, Donald. **Things that make us smart. Defending human attributes in the age of the machine.** Cambridge: Perseus Books, 1993.

PACAUD, Suzanne. L'ergonomie face aux grandeurs et aux dificultés de l'interdisciplinarité. **Le Travail Humain, XXXIII, 1.2,** 1970, p. 141-158.

PANERO, J.; ZELNIK, M. **Lãs dimensiones humanas en los espacios interiores – estandares antropométricos.** Cidade do México: Gustavo Gili, 1989.

QUESADA, José F.; CAÑAS, José J.; ANTOLÍ, Adoración. In: WRIGHT, P. DEKKER, S.; WARREN, C. P. (Eds.). **ECCE-10: confronting reality.** Sweden: EACE, 2000.

QUESADA, José F.; KINTSCH, W.; GOMEZ, E. A theory of complex problem solving using latent semantic analysis. In: GRAY, W. D.; SCHUNN, C. D. (Eds.). **Proceedings of the 24th Annual Conference os the Cognitive Science Society,** p. 750-755. Mahwah, NJ: Fairfax, VA Lawrence Earbaum Associates, 2002.

SARMET, Mauricio Miranda. **Análise ergonômica de tarefas cognitivas complexas mediadas por aparato tecnológico: quem é o tutor na educação a distância?** Brasília, 2003. Dissertação (Mestrado). Universidade de Brasília.

SILVINO, Alexandre Magno Dias. **Análise ergonômica do trabalho como suporte à formação profissional: a articulação entre estratégia operatória e expertise.** Brasília, 1999. Dissertação (Mestrado). Universidade de Brasília.

SILVINO, Alexandre Magno Dias. **Ergonomia cognitiva e exclusão digital: a competência como elemento de (re) concepção de interfaces gráficas.** Brasília, 2004. Tese (Doutorado). Universidade de Brasília.

SOARES, Marcelo Márcio. 21 anos da Abergo: a Ergonomia brasileira atinge a sua maioridade. In: ABERGO 2004. XIII CONGRESSO BRASILEIRO DE ERGONOMIA, II FÓRUM BRASILEIRO DE ERGONOMIA E I CONGRESSO DE INICIAÇÃO CIENTÍFICA EM ERGONOMIA. **Anais...** Fortaleza, 29 de agosto a 2 de setembro de 2004.

STERNBERG, Robert. J. **Psicologia cognitiva.** Porto Alegre: Artmed, 2000.

TEIGER, Catherine. **Le travail, cet obscur objet de l'érgonomie.** In: Actes du Colloque Interdisciplinaire "Traval: Recherche et prospective" – Thème Transversal N. 1 – Concept de Travail. CNRS, PIRTTEM, ENS de Lyon, 1992.

TEIGER, Catherine. Représentation du travail, travail de la représentation. In: WEILL-FASSINA, A.; RABARDEL, P.; DUBOIS, D. (Ed.). **Représentation pour láction.** Toulouse: Octarés Éditions, 1993.

TERSSAC, Gilbert de. **Le travail organisé:** fautil repenser le travail?. In: Actes du XXX Congrès de la Société d'Érgonomie de Langue Française, Biarritz, França, 1995.

VIDAL, M. C. R. **Ergonomia útil, prática e aplicada.** Rio de Janeiro: Editora Virtual Científica, 2001. v. 1. 236 p.

WISNER, Alain. **A inteligência no trabalho. Textos selecionados em ergonomia.** São Paulo: Fundacentro, 1994.

WISNER, Alain. **Antropotecnologia.** Rio de Janeiro, 2004. 188p.

WISNER, Alain; MARCELIN, Jeanne. **A quel homme le travail doit-il être adapté.** Rapport n. 22. CNAM, Paris, 1971.

WHO. WORLD HEALTH ORGANIZATION. Genebra, 1980.